Kitabın başlangıcı: 8 Mart 2015, Dünya Kadınlar Günü

Saat 15'tir, kitabı yazmaya başladığımda.

AF289476

2015 Uluslararası Kadınlar Günü / Yarın için bugün işaret koymak

Not:

Bu metin, Türkçe'ye çevrilmelidir. Almanca orijinal metinde olduğu gibi, bu kitap da "isteyerek" mükemmel değil. Kocam ve ben, maliyet nedeniyle, profesyonel bir çeviri mümkün olmadığı için bu kitabı kendi çabalarımızla bir çeviri uygulamasının yardımıyla çevirdik.
Çeviri de benim kadar otantik olmalı.

İçindekiler

Kişisel Bilgilerim

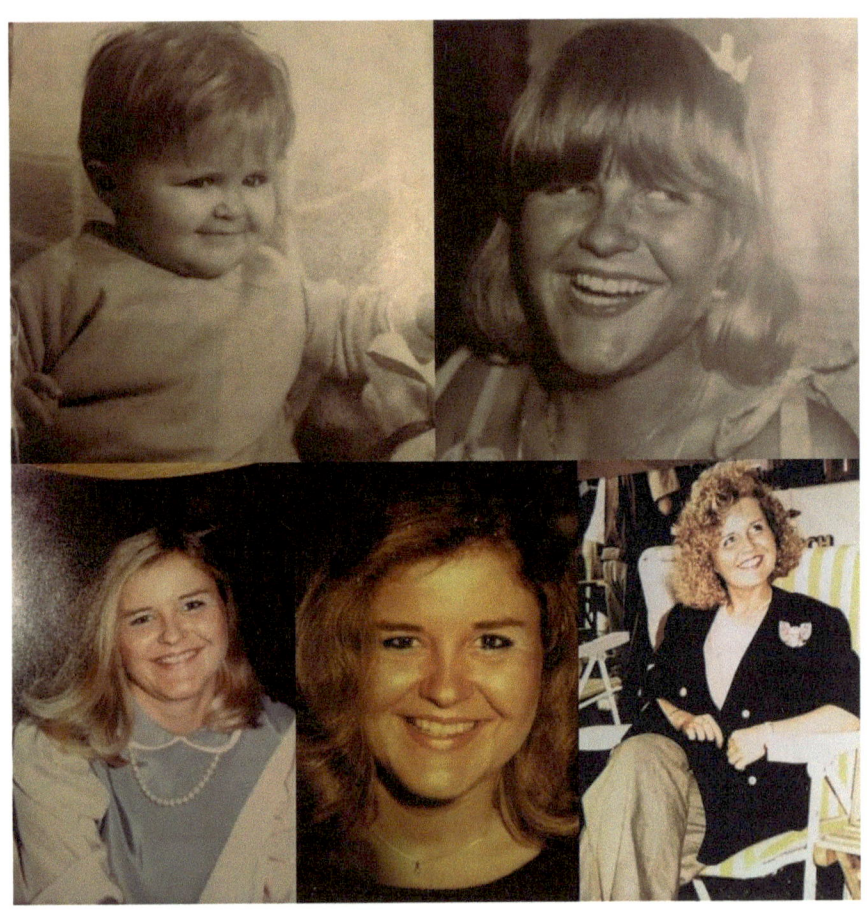

Benim adım Yasemin Aicher ve hala 50 yaşındayım. Benim için yaş, hayattaki en kötü olaylardan biridir. Yaşlanamayanlardan biri olduğumu düşündüklerinden değil. Hayır hayır. Sebebi bu olsaydı, benim için yarısı kadar kötü olurdu.........Bunun nedeni, hayatımın yarısından fazlasının arkamda olması! Muhtemelen düşüncenin ne kadar korkunç olduğunu ve ne yazık ki hala ne olduğunu anlayamazsınız. Ayrıca 1964 yılının savaştan sonra doğum yeri olduğu medya genelinde bildirildi. Tabii ki doğduğum yıl. Daha kesin bir ifadeyle, 12 Şubat 1964'te Hollanda'da Heerlen'de sadece 1000 g ağırlığında gün ışığını gördüm. O zamanlar çok sık ortaya çıkmayan ve çok fazla hayatta kalma şansı olmayan bir gerçek. Ama doğumumdan hemen sonra hayatım için savaşmaya karar verdim. Bu bazı komplikasyonları kapsadıysa bile, gördüğünüz gibi, ben yaptım.

Annem, doğumlu bir Hollandalı ve babam, doğumlu bir Türk olduğu için bana çok kültürlü bir yaşam sunmuştur. Genellikle Almanya'da, daha doğrusu "Kölle"de, yani Almanca'da Köln olarak adlandırılan yerde büyüdüm ve okula gittim. Yabancı dil sekreteri olarak ve daha sonra idari memur olarak eğitimimi de burada tamamladım.

1989 yılında Istanbul'da evlendim ve 10 yıl orada yaşadım. 1991 yılında kızım dünyaya geldi ve beni bu gezegendeki en mutlu annelerden biri yaptı.

1997 yılında kızımla birlikte Almanya'ya döndüm, çünkü maalesef evliliğim sona erdi. Daha sonra eski mesleğim olan idari memur olarak geri döndüm. 2001 yılında Frank'ı tanıdım ve 2003 yılında evlendik. Onunla mutluluğumu buldum ve çok mutluyum. Umarım hayatımın sonuna kadar.

Önsöz

Sadece 46 yaşındayken "Parkinson Sendromu ve başlangıç aşamasındaki Frontotemporal Demans" teşhisi konuldu.

Bu demans türü, mevcut olan birçok farklı demans türünden biridir ve klasik yaşlılık demansıyla ilgisi yoktur. Benim de sahip olduğum Parkinson sendromu da klasik form ile ilgili değildir.

Bu kitapla, bu teşhisle karşı karşıya kalan herkese kendi deneyimlerimden yola çıkarak göstermek istiyorum ki hayat yine de çok eğlenceli olabilir ve aynı zamanda çok yaşanabilir ve sevgi dolu olabilir. Ayrıca, hasta olan kişilerin teşhisleriyle başa çıkmak diğer aile üyeleri, arkadaşlar, meslektaşlar ve geri kalan dünya için kolay değildir. Bir yandan, bu durum, bu hastalıklarla yeterince ilgilenmemelerinden veya bazen istememelerinden kaynaklanmaktadır. Diğer yandan, bilgisizlik, etkilenen kişilerle nasıl başa çıkılacağını bilmemenize neden olur. Burada da kendi deneyimlerimle bu insanlara tavsiyelerde bulunmak ve yardımcı olmak istiyorum, böylece hayatlarını ve etkilenenlerin hayatlarını daha kolay, daha anlaşılır ve daha yaşanabilir hale getirebilirim.

Sonuç: Her zaman güçlü olmak isteriz. Ama birlikte daha güçlüyüz! Hastalığı kabul edin ve saygı gösterin. Onunla normal bir şekilde başa çıkın. Çünkü sadece o zaman, tüm taraflar için hayat daha yaşanabilir olabilir.

Bölüm 1

"Umut"

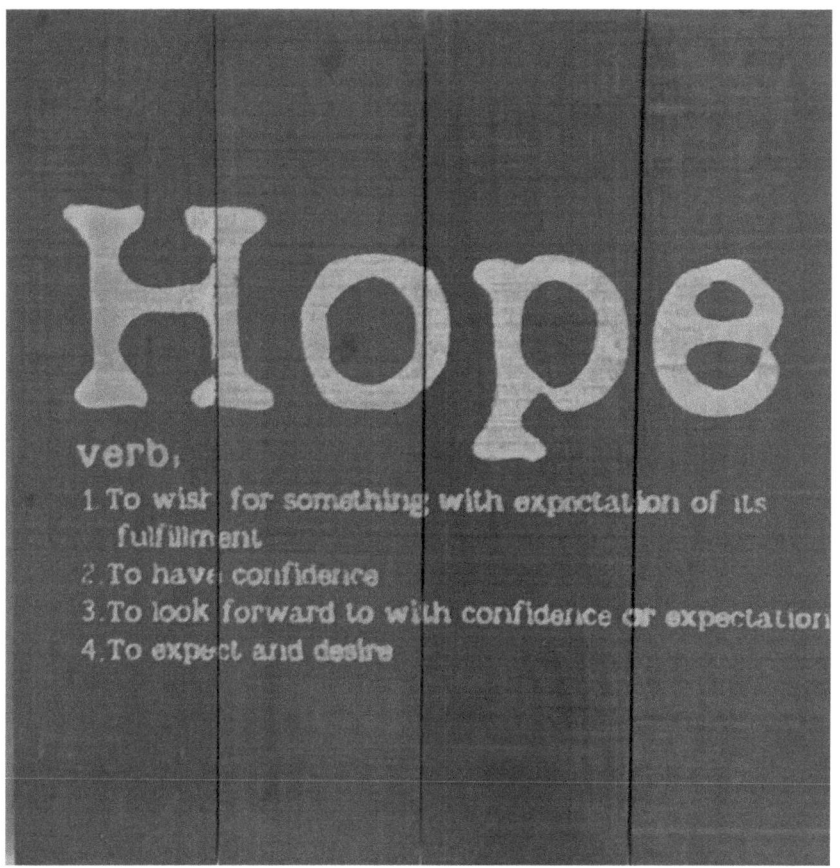

Türkiye'den dönüşümün ardından 1997'den 2003'e kadar aynı birimde çalıştım, farklı bir birim veya görev alanını keşfetmenin zamanının geldiğine karar verdim. İlgimi çeken bir pozisyon açıldığında, hemen başvurdum ben başvuruda bulundum. Eski işyerimde yüksek devamsızlık nedeniyle yapılan mülakatlardan sonra sürekli ret cevabı aldım. Ve bu, zaten önceden biliniyordu.

Bir gün, aynı şekilde reddedildiğimde, sabrım taştı! Cesaretimi topladım ve hemen yerinde şu şekilde bir açıklama istedim. "Lütfen neden yine kabul edilmediğimi bana söyler misiniz? Konuşmamda hata yaptıysam öğrenmek isterim, böylece gelecekte düzeltebilirim." Çünkü derler ya, hata yaparak insan öğrenir ve bu hatalardan ders çıkarır. Belki de bir sonraki mülakatta işe yarardı.

Karşımdaki heyet, birbirlerine bir süre için bakıştılar. Üçü oldukça aptal görünüyordu. Geri kalanları ise kıpkırmızı oldu. Muhtemelen daha önce hiçbir adayın reddedilme sonrasında bu soruyu sormaya cesaret etmediği anlaşılıyordu.

Bir süre sonra, birlik müdürü söz aldı. "Evet, hm, nasıl söylemeliyim..., hm...Aslında size bir şey itiraz etmiyoruz. Mülakata çok iyi hazırlanmıştınız, tüm uzmanlık alanıyla ilgili soruları tam memnuniyetimizle cevapladınız.

Tüm cevaplar doğruydu.......hm.........aslında sadece bir nokta var, bize hoş gelmeyen veya dikkatimizi çeken ve bize mide ağrısı veren.

Şimdi onlara mide hapı mı teklif etmeliyim? Bunları her zaman çantamda baş ağrısı ilaçları ve diğer tabletlerle birlikte bulundururum. O zaman mide ağrıları geçerdi, değil mi? Çünkü çok kısa bir süre sonra etkisini gösteriyorlar, bu da karar vericilerin karın ağrısının geçmesi ve benim yeni sorumluluk alanıma başlayabilmem anlamına geliyor. Hayır şaka bir yana......

"Onlara hepsine karın ağrısı mı yapıyor?"

Cevap hızlı geldi. "Geçmişte yüksek devamsızlık veya hastalık süreleri."

İşte tekrar aynı durum!!! Derin bir nefes aldım, zaman kazanmak ve içimi sakinleştirmek için, ardından sakin ve mantıklı bir şekilde tepki vermek için.

Bay Kawasaki ve tabii ki burada bulunan diğer herkes: Hastalık izin sürelerim zaten hepinize bu tarihten çok önce biliniyordu, değil mi? Bu izinlerin nereden kaynaklandığını size açıklamıştım. 2002 yılında 3 ay içinde üç kez göğüs ameliyatı geçirmek zorunda kaldım. Ve takip eden yıl diğer göğüsümde kısa aralıklarla iki kez daha. Bence bu nedenle izinlerimin yüksek olduğunu anlayabilirsiniz. Sonuçta, daha önce hiç duymadım ki, bir kişi 2 yıl içinde 5 ameliyat geçirmek zorunda kaldığında izinlerin düşük olduğunu.

Bay Kawasaki soğuk bir bakışla bana bakıyor. "Bayan Aicher, her başvurana aynı fırsatları tanıma yükümlülüğümüz var, bu da bize yapılan sunumu içerir. Bu zaten yaptık. Tüm gerçekleri göz önünde bulundurduktan sonra, farklı bir karar veremeyeceğimiz kadar yüksek olan devamsızlık süreniz için üzgünüz. Ama ben, ya da biz, gelecekte bir gün başarılı olacağınıza eminiz. Çok sempatik ve açık bir kişisiniz, aynı zamanda gerekli uzmanlığa da sahipsiniz. Bu nedenle size sağlık ve geleceğiniz için her şeyin en iyisini dileriz."

Artık duyduklarıma tepki verip veda etmek istemiyorum. Yani daha önceki tüm iş görüşmelerinin tamamen aynı rotayı izlediğini düşünürsek kendimi bundan kurtarabilirdim.

Ama ben bir savaşçıydım ve hala da öyleyim. Hayatım boyunca işler benim için kolay olmadı. Bana hiçbir şey kolay gelmedi, başardığım her şey için çok çalışmam gerekiyordu. Buna ailemin sevgisi/sevgisi de dahildi. Sanki hastalıklarımla zaten yeterince ilgim yokmuş gibi, iş ile ilgili bu reddedilmelerle daha da cezalandırılıyorum...

Ama bilindiği gibi umut en son ölür. Bu yüzden pes etmedim, başka bir iş alanı bulma hedefime ulaşmaya çalıştım.

Ben pes etmeyeceğim. Ve bir sonraki fırsatta, benim için uygun bir pozisyon olduğunda, tekrar başvuracağım. Bir gün başarılı olmalı, ben de biraz şanslı olmalıyım. O zamana kadar sabırlı olmayı düşünüyordum.

Çünkü: "Güç, bilindiği gibi sessizlikte yatar"

Bölüm 2

"Asla vazgeçme"

Bugün 12.03.2004 tarihi. Yine bir iş görüşmesi var. İki haftadır bu güne hazırlanıyorum, yeni görev alanının gereksinim profili ile yoğun bir şekilde ilgileniyorum. Bu günümüzde adaydan bekleniyor. Başvurduğum ve bugün yapılacak olan iş görüşmesi için gereken alanlardan biri de sosyal sorumluluktur.

Umarım bugün işe yarar. Hiçbir şey beni işte, ama aynı zamanda özel hayatta daha çok eğlendirmez, diğer insanlara yardım edebilmek. Tek sorunum: her şeyi çok fazla içime alıyorum. Eve götürüyorum. Kapatamıyorum. Ama bunu değiştirmek istedim. Değiştirmem gerekiyordu. Bu konuda çok umutluyum, çünkü terapistim beni uzun süre bu konuda terapi etti. Sadece gerçekten günlük olarak uygulamak, terapi saatlerinde hissettirdiği kadar kolay değil.

Türkiye'den dönüşümden bu yana psikoterapi tedavisi görüyorum. Geçmişte yaşananlar bende iz bırakmamıştı. Başlangıçta bu benim için kolay değildi. Bir yandan uygun terapisti bulmak, diğer yandan da içimde açılmalıydım. Hastanın ve terapistin arasındaki kimyanın uygun olması kadar önemli bir şey yoktur. Ancak böylece birbirlerine güvenerek ilerlemek için temel atılmış olur. Ancak böylece terapide başarı şansı vardır. Herkes terapistle olan güvenin uygun olmadığını söylemeye cesaret edemez. Bir terapinin başlangıcında, kimyanın uygun olup olmadığını anlamak için 5 saat vardır.

Bu 5 saat, uygun olup olmadığını ve açılabileceğinizi test etmek için kullanılmalıdır. Ve eğer uygun olmadığı sonucuna varırsanız, bunu da iletişim kurmalısınız. Sıkça karşılaşılan durum, başka bir terapist aramak zorunda kalmanızdır. O zaman pes etmeyin. Benim için de o zamanlar ilk terapistimle uymadı. İkinci terapistimle de uymadı. Ancak üçüncü terapistimle kendimi rahat ve güvende hissettim. Şu anda, ara vererek, 14 yıldır onunla terapideyim. Bu terapi olmadan geçmişte yaşadıklarımı işleyip kapatamazdım. Terapistim, hayatın zor durumlarda bile yaşanabilir olduğu konusunda bana güç ve farkındalık verdi. Ancak eşim, az sayıda arkadaşım ve ailemin bazı üyeleri de bana gerekli gücü verdi.

Maalesef ailemin büyük bir kısmı Türkiye'de yaşıyor. Benim için uzakta, ama kalbimde her zaman benimle.

Sevgili ailem Türkiye'de

Yani, şimdi iş görüşmemime geri dönelim. Görüşmelerin yapıldığı odanın önündeki bekleme alanındayım. Benimle birlikte üç başka aday daha var. Her adayın kendini tanıtması ve kurulun sorularına cevap vermesi için tam olarak 30 dakikası var. Her zaman bir randevuya geç kalmaktan korktuğum için, her zaman en az 30 dakika önce gelmeyi alışkanlık haline getirdim. Bugün hatta 45 dakika önce geldim. Ama sorun değil. Bu sayede muhtemelen sorulacak yasaları tekrar düşünebilirim. Randevuya yaklaştıkça, daha da huzursuz oluyorum. Korku içimde yayılıyor, öğrendiklerimi ve mevcut bilgilerimi sorduklarında hatırlayamayacağım korkusu.

Sonra kapı açılır. Bir genç kız kızararak dışarı çıkar ve bekleyenlere şunları söyler: "Arkadaşlar, hazırlıklı olun. Sorularla delik deşik olacaksınız, kısa sürede daha da endişeli ve sinirli hale gelip en basit soruları bile cevaplayamayacaksınız." Bu neydi şimdi? Zaten endişeli olduğumuzdan daha da sinirli mi olmamız gerekiyordu? Sadece ağzını kapatsa ve gitse olmaz mıydı? Kimse onun fikrini sormuş muydu? Acaba bizi daha da başarısız yapmak için mi yaptı, kabul edilme şansı arttı diye mi?

Korku ve belirsizlik bazıları için tıkanıklıklara yol açabilir. O zaman artık gerçek bilginize erişemezsiniz. Umarım benim için değildir. Sonra adımı duyuyorum. Sıra bana geldi ve odaya girdim. Odanın sağında sekiz kişinin oturduğunu görüyorum.

Odada solda başvuranın sandalyesi var. Oturuyorum ve aniden hiç sinirlilik hissetmiyorum. Belki de aklımda söylemeye devam ettiğim gerçeğinden kaynaklanıyor: Kabul edilip edilmediğim Kismet'tir. Bir röportajda ilk kez, kesinti süremle doğrudan karşı karşıya değilim. Ne sürpriz! Şimdiye kadar her şey mükemmel bir şekilde hissedildi. Tüm soruları vicdanımın en iyisine cevaplayabildim. 30 Dakika sona erdi. Bu sefer kendimi çok daha iyi. hissediyorum. Teşekkür ederim ve bekleme alanındaki odanın önünde kısa bir koltuk almamı isteyin. Odadan çıktığımda içimde garip bir his var. Ve arkamdaki kapı kaleye düştüğünde, gözlerimden terazi gibi düşüyor. Önemli bir şey söylemeyi unuttum. Bunu söylemek için tekrar içeri girmeli miyim? Oh, hiç işe yaramıyor. Kapı sadece içeriden açılabilir ve çalmak istemiyorum ya da cesaret edemiyorum. Beni almayacaklarına karar veren faktör bu olsaydı, o zaman şanssız olurdum. O zaman bu Kismet'ti.

Beş dakika sonra bir beyefendi çıktı ve yarın telefonla kararlarını bildireceklerini söyledi. Yani, bir sonraki günü beklemek gerekiyordu. Ruhsal olarak, bu sefer de işin olmayacağına zaten hazırlanmıştım.

Belirtilen ertesi gün işime odaklanmakta zorlanıyorum. Her telefon çaldığında tansiyonum en az 200 dolu gibi hissediyorum. En azından öyle hissediyorum. Kulaklarımda kalbimin atışını duyuyorum, kanımın kaynadığını hissediyorum!

Artık öğleden sonra ve hala bir geri dönüş yok. Kesinlikle beni reddettiler, aksi takdirde zaten ararlardı. Mantıklı da aslında: önce seçilen başvuruyu ararsınız. Sonra başaramayanları. En azından benim düşüncem böyle. Saat tam 15:30 olduğunda telefonum çalıyor. Açıyorum ve adımı söylüyorum. Telefonun diğer ucundan erkek bir ses duyuluyor: "Merhaba Bayan Aicher, burası Schlambach. Size bugün haber verileceğini dün söylemiştim."

"Kararınızla ilgili hisleriniz nelerdir?"

"Aman biliyor musunuz Bay Schlambach, hislerime göre hareket edemem. Bu konuda çok sık yanıldım. Bu yüzden her zaman en kötüsünü varsayıyorum, böylece hayal kırıklığı pek büyük olmuyor."

Ben de biliyorum ki, böyle bir tutum doğru değil. Her zaman pozitif düşünmeli ve hayatı zaten olduğundan daha zor hale getirmemelisin. Ama ben de sadece bir insanım. Ayrıca: Kimse mükemmel değildir.

Bayan Aicher, şimdi tamamen yanılıyorsunuz. Size seçildiğinizi bildirmekten mutluluk duyarım. Tebrikler.

"Ne demek?"

Ben kabul edildim mi?

"Evet, neden soruyorsunuz? Diğer tüm başvuru sahiplerinden en iyi şekilde kendinizi sattınız ve tüm beklentilerimiz en büyük memnuniyetimize kadar karşılandı. Hastalık izinleri, sonuçta hiçbir şekilde suçlanamayacağınız için burada bir etkiye sahip olmadı. Eğer bunu düşündüyseniz, yanılıyorsunuz. Hastalıklar ve buna bağlı olarak ortaya çıkan hastalık günleri için kimse suçlanamaz. Geleceğe odaklanıyoruz. Ve olumlu düşünüyoruz. Bayan Aicher, sizin de yapmanız gereken budur. Size küçük bir sürprizimiz var. Yeni görev alanına geçişiniz aynı zamanda daha yüksek bir maaş kademeli pozisyonuyla ilişkilidir. Artık üst düzey hizmette çalışıyorsunuz ve iki maaş kademesi yükseldiniz. Ancak tüm bunlar altı aylık bir deneme süresiyle ilişkilendirilmiştir. Alo ? Bayan Aicher, hala orada mısınız?"

"Evet, evet Bay Schlambach, hala buradayım. Sadece şu anda kelimelerin bana gelmediği kadar şaşkınım."

Bana bir kez kelimelerin eksik olduğu olmaz, aslında neredeyse hiç olmaz.

"Beni şu anda dünyadaki en mutlu insan yaptınız. Çok çok teşekkür ederim Bay Schlambach."

"Bayan Aicher, bana teşekkür etmenize gerek yok. Bizi ikna ettiniz ve kendi hırsınızı bırakmamak için ödüllendirdiniz. Herkes hayatta hak ettiği şeyi bir gün alır. Ve şimdi siz bunu hak ettiniz. Bu akşam ailenizle güzel bir şekilde kutlayın. Sizi bir sonraki ay başında ekibimizde karşılamaktan mutluluk duyacağım. Bildiğiniz gibi, bizimle işe başladığınızda kendi görevinize başlayabilmeniz için birkaç eğitime katılmanız gerekecek."

„Oh Bay Schlambach, söylediğin hiçbir şey için değil: bir inek gibi yaşlanıyorsun ve hala öğreniyorsun." Hattın diğer ucunda yüksek sesle gülüşmeler oldu. Uzun zaman önce olmasaydı, buz kesinlikle kırılmıştı. Güle güle dedi ve telefonu kapattık. Ofiste bu harika haberde sevincimi paylaşabileceğim kimse kalmadığı için en kısa zamanda eve geleceğimi görüyorum. Eve giderken bir şişe köpüklü şarap ve bir şişe çocuk köpüklü şarabı almak istedim. Sonunda kapımızın önünde durduğumda kilidini açmıyorum. Zili çalıyorum, böylece sevdiklerime harika haberleri nihayet söyleyebilirim. Çünkü ikisi bunu beklemiyordu. Çoğu zaman fırtınayı sadece kesinlikle gerekli olan pipibox'a çarpmam gerektiğinde çalarım ve el çantamda anahtarı yeterince hızlı bulamıyorum. Kapı açılıyor, ancak kocam doğrudan mutfağa kayboluyor, burada daha önce akşam yemeği hazırlamakla meşguldü. Sadece ondan kısacık bir „ Hello " alıyorum. Kızımız muhtemelen odasında ödev yapıyordur. Burada da sadece kısa bir „Hello". İyi. İkisine de sadece yemek yediklerinde neşeli haberleri vermeye karar verdim. Bir tatlı olarak, tabiri caizse.

Daha rahat ev kıyafetima girmek için yatak odasına gidiyorum. Birkaç dakika sonra eşimin mutfağına gittim. Ocağın yanında duruyor, sırtıma bakıyor. Ona arkadan sarılıp boynundan öpüyorum. Bana iş günümün nasıl olduğunu soruyor.bugün başvurum hakkında bilgilendirilmem gerektiğini bilmesine rağmen bana bunu sormuyor. Muhtemelen benimle bu konuda konuşmaya cesaret edemiyor, kendi kendime düşündüm. Frank benim ya da en sevdiğimiz yemeği birlikte pişirdi: bratwurst, kırmızı lahana ve patates püresi. Sanki daha önce kabul edildiğimi tahmin etmişti. Kızımızı yemeğe çağırıyorum, oturup yemek yemeye başlıyoruz. Tabii ki, kocama /en sevdiğimiz yemeği yaptığı ve ona geri döndüğü bir hava öpücüğü verdiği için ne kadar mutlu olduğumu bildirdim. Rahat bir şekilde yemeyi bitirdikten sonra, ona çok kess soruyorum: „ Ve şimdi tatlı için ne var? " Bana şaşkınlıkla bakıyor. Çünkü bunu daha önce hiç yapmadım. „İsterseniz, dondurma veya çikolatalı puding " alabilirsiniz, cevabı duydum. Ama bana da hitap etmeyen hakaret dolu bir şey yaptım. Yüzünün biraz üzgün olduğunu fark ettim. Ama hiçbir şeyi geri vermez. Kalktım ve oturma odasındaki dolaba gittim, üç şampanya bardağı aldım ve masanın ortasına koydum. Kızım ve kocam bana inanılmaz gözlerle bakıyorlar. Sonra mutfağa giderken buzdolabından iki şişe köpüklü şarap aldım. İkisini fark etmeden yemeden önce onları soğutmuştum. Masaya geri dön Büyük bir sırıtışla söylüyorum: „Kabul edildim". İkisi de zıplayıp bana aynı anda sarıldılar. Bir sandviç örtü gibi hissediyorum. İkisinden de bir öpücük aldım ve şarkı söylemeye başladılar. „Congrats'" i bana doğru parçaladılar. İkisinden çok tatlı. Sonra kendimizi deniyoruz, hepsi büyük bir yudum alıyor ve diyorum ki: „Ve bir kez daha umut, kocamın bana cevap verdiği en az " sölüyor:

"Ve herkes sonunda hak ettiği şeyi alır, ve sen gerçekten bunu hak ettin, çünkü asla pes etmedin ve her seferinde tekrar tekrar denedin."

Bölüm 3

„Yaparak Öğrenme -

Gökyüzünden henüz bir usta düşmedi."

Bugün 1 Nisan 2004, yeni pozisyondaki ilk günüm. Bütün gece heyecanla uyuyamadım. Ama bu sabah yorgun hissetmiyorum. Tam tersi bile geçerlidir. Uzun zamandır kendimi bu kadar formda ve uyanık hissetmemiştim. Bir şekilde dopingli olduğumu ve vücudumun tonlarca adrenalin ürettiğini hissediyorum. Her zamanki alarm çalmadan bir saat önce kalktım, önce bir kahve yaptım ve sonra onunla banyoya gittim.Bu sabah orada daha uzun kalıyorum, her zamanki gibi. Yeni pozisyonumdaki ilk iş günümde, mümkün olduğunca mükemmel görünmek istiyorum. Mükemmeliyetçilik de elbette bir görüş meselesidir ve bu iyi bir şeydir. Her zamankinden daha fazla banyoya giriyorum ve aynaya son bir bakış attıktan sonra orada gördüklerimden memnun olabilirim. Saat 8 de yeni ofise zamanında varıyorum. Bu pozisyonun yöneticisi Bayan Hochschmitt zaten beni bekliyor ve beni ağırlıyor. Dört gözlük kısa bir tartışmadan sonra beni yeni meslektaşlarımla tanıştırıyor, ofiste önemli olan her şeyi gösteriyor ve sonra ofisime getiriyor.

Evet, benim ofisim. İlk kez iş hayatımda kendi ofisim var. Bu, artık kendi patronum olduğum ve kimseye saygı göstermek zorunda olmadığım anlamına gelemiyor. Ancak artık meslektaşlarla kısa sohbet etme imkanı da yok. Ancak hayatta her şeyin avantajları ve dezavantajları olduğu bilinir. Ben sadece olanları kabul etmeye karar verdim. İlk haftalar zaten ofisimi görmeyeceğim, çünkü eğitimde olacağım. Yarın ikinci günümde, ilk iki haftalık eğitim başlıyor. Bu iyi oldu ve yeni görev alanım için temelleri öğrenmeyi dört gözle bekliyorum.

İlk iş günü çabucak bitti. Kendimi ofis malzemeleri ile kapladım ve masamı kurdum, böylece gelecekte etkili bir şekilde çalışabilirim. Öğleden sonra bazı meslektaşlarımın omzuna baktıktan sonra, yeni ofiste ilk günüm tekrar sona erdi. Eve giderken, yeni ofisteki ilk günümü gözden geçiriyorum. Patronum ve meslektaşlarım iyi bir izlenim bırakıyorlar. İşyerinde rahat hissetmek benim için çok önemli. İşime tamamen ve tam bir konsantrasyonla dahil olabilmemin tek yolu bu. Evdeyken, kurşunlu bir yorgunluk hissediyorum. Gözlerimi açık tutamıyorum ve bir saat uzanmaya karar veriyorum. Bu yüzden bir saat! Uyandığımda saat 18 ve dışarısı zaten karanlık. Ben de kendimi rahat hissetmiyorum. Tam tersi daha çok durum söz konusuydu. Bunu anlamak zorunda değilim. Akşam yemeğinden sonra, yarın formda olabilmem için hemen yatmaya karar verdim.

Sonunda ilk eğitim başlıyor. Alarmı kurduktan sonra, gerekenden biraz daha erken, hemen uyuyakalıyorum.

Ertesi sabah her zamanki gibi geçiyor: Kahve, banyo ve aynaya son bir bakış. Ve sonra zaten tren istasyonuna doğru çıkıyorum. Gerçekten eğitimin başlamasına tam zamanında varmak için özel olarak bir tren daha erken almak istiyorum. İlk günde hoş olmayacak.

Eğitim her gün sabah 8:00 de başlar ve genellikle akşam 16:30 da sona erer; Öğlen 30 dakikamız var. İlk günler hala çok kolay ve takip etmekte zorlanmıyorum. Ancak, eğitimin beşinci gününün başlangıcında, sonuna kadar, duyduklarınızı anlamak ve kaydetmek her gün daha zor hale gelir. Yasal metinler ve teori ile bombardıman edilmemizin tek yolu budur. Artık dersleri takip edemeyeceğimi ve diğer eğitim kurslarında yaptığım gibi doğrudan duyduklarımı uygulayamayacağımı fark ettim. Bu yüzden hafta sonları eğitim kursları arasında tekrar çalışmalı ve geçen haftanın materyallerine bir kez daha bakmalıyım. Ailem şu anda ihmal edilecek. Ama ikisinin arkamda durup anlayacağını biliyorum. İki tatlıma bir şey gelmesine izin vermiyorum, çünkü benzer durumlarda her zaman sırtımı serbest bıraktılar. Böyle zamanlarda, öğrenmekten başka bir şey için endişelenmeme gerek yoktu. Aile hayatı bizim için çok önemliydi. En azından hafta sonları birlikte kahvaltı yapmaya ve akşamları birlikte yemeye büyük önem veriyoruz. Kızım genellikle hafta sonları en iyi arkadaşıyla birlikte, ama şimdi ve sonra da bizimle zaman geçirmesini istiyoruz. Bu sadece birlikte yemek yemekle sınırlı değildir. Sinema, hayvanat bahçesi ziyaretleri veya sadece alışveriş ve DVD akşamları gibi ortak etkinlikler de programın bir parçasıdır. Aktif bir aile hayatı benim ve kocam için her zaman önemli olmuştur. Eğitim döneminde, bu şimdi düz düşer. Eğitimin benim için bu kadar zor olacağını düşünmemiştim. Kendimi giderek bunun normal olmadığını düşünürken buluyorum. Okul eğitim dönemlerinde hiç uçtuğum bir şey olmadı, ama birkaç kez okumak zorunda kalmadım. Artık durum böyleydi. İkinci ve üçüncü seferden sonra bile, hala anlamadığımı hissediyorum. Ama eğitimden önce, yaklaşık altı ay boyunca bir şeyleri unutmaya devam ettiğimi fark ettim. Kocam bana birkaç saat sonra bilmediğim bir şey söyledi ve sonra bana bunu söylediğinden şüphe etti. Ondan, artık onu doğru dürüst dinlemeyeceğimi gittikçe daha fazla duyuyorum. Aksini söylüyorum, elbette, çünkü bana bir şey söylediğinde onu her zaman dinlediğimi düşünüyorum. Doğru olduğunu düşünmediğim bir şey söylediğinde beni sinirlendiriyor ve üzüyor. Ama dediği gibi:?? „Kimse mükemmel"

Eğitim ne kadar uzun sürerse, o kadar karışmış olurum. Bir önceki haftadan özenle öğrenilenler aniden gitti. Akşamları artık gün içinde ne öğrendiğimi veya ne duyduğumu bilmiyorum. Tüm bunların sadece teorik kısım olduğu konusunda hemfikir olduğum gerçeğiyle kendimi teselli ediyorum. Umarım uygulamaya gelince, hızlı bir şekilde belirli bir rutini alacağım ve öğrendiklerime geri döneceğim. Kendimce gerçek hayatta gerçekleşmiş iki atasözü düşünüyorum: „Learning by doing" ve „Gökyüzünden henüz bir usta düşmedi." Bu iki atasözüne elimden geldiğince sert yapışıyorum. Her zaman her şeyin /sadece olumlu bakarsanız daha iyi olacağına inandım. Öğrenme zorluklarına rağmen, iki haftalık eğitimin çok hızlı geçtiğini hissediyorum. Bir yandan da ilk antrenmanı tamamladığım için rahatladım. Ama bu pozisyon için gerçekten uygun olup olmadığımı da merak ediyorum. Sık sık, alaşımsız yumurtaları tekrar düşünüyorum ve kendimi gereksiz strese maruz bırakıyorum. Kocam bunu fark eder ve bana şöyle der: „ Sana ne olabilir? En kötü durumda, eski ofisine geri dönersin. Her zaman bu seçeneğe sahipsin." Eski işimden kesinlikle emindim, bu yüzden kendime daha az baskı yapmaya ve elimden gelenin en iyisini yapmaya karar verdim. Eğer işe yararsa, güzel olur. Değilse, dünya da benim için aşağı gitmeyecek.O zaman „ Kismet " (Kader).

Bölüm 4

"Huzur güçte yatar"

Üç haftalık yoksunluktan sonra, hafta sonundan gerçekten keyif aldım. Mükemmeliyetçiliğe olan tutkum, iki haftalık eğitimde duyduğum her şeyden geçmemi tavsiye etmişti, ama onu bırakıyorum. Artık kafamı zorlayıp ona bir mola vermek istedim. Hiçbir şey yapmamanın iki günü benim için iyi ve pilimi şarj edebilirim. Böylece tam bir pil ile ilk iş gününe konsantre olabilirim. Kolaylaşabilirim, çünkü ilk 6 hafta boyunca hala yavru köpek korumasının tadını çıkarıyorum. Bu 6 haftada yalnız değilim. Yanımda her zaman beni çalıştıran başka bir meslektaşım var. Erkek bir meslektaşım tarafından eğitildiğim için mutluyum. Onlarla kadınlardan daha iyi anlaşıyorum. Kadınlar arasında çok fazla konuşma var ve rekabet her zaman aktif. Bunun için gerçekten bir arzu yok ve rom kaltağı. Buna çok az ihtiyacım var. Ama bu, genel olarak tüm kadın meslektaşlarımı bir araya getirdiğim anlamına gelmez. Kesinlikle başkaları da var.

Henüz nerede çalıştığımdan bahsettiğimi sanmıyorum. Yeni sorumluluk alanım şu anda Federal İstihdam Bürosunda. Burada nihayet yardımcı sendromumu takip edebilir ve yardıma ihtiyacı olan ve bunu kabul etmek isteyenlere yardım edebilirim.

Bay Jonson, beni çalıştıran yeni meslektaşım sakin ve sabırlı bir insan. Hiçbir şey onu üzemez. Benim için her şeyi kolaylaştırıyor, eğer bir şey anlamazsam onunla konuşmaktan korkmuyorum. Burada ofiste yapılacak çok şey olmasına rağmen, bana uyuyabilinceye kadar açıklayacağına dair bana güvence verdi. Bekleme alanlarının dolu olması en ufak bir kaşıntı yapmaz. Zamanındaki her şey, yani sloganı. Ve bir şekilde sinirlilik sıkıntısı çektiğimi fark ettiğinde, hemen beni tekrar aşağı indiriyor.

„Bayan Aicher, güç sakinlik içinde yatıyor. Gerekli sakinliğe devam edin. İşlerini vicdanlı bir şekilde yapabilmelerinin ve işten sonra hala hayatta olmalarının tek yolu budur. "

10 Yıldır bu işi yapıyor. Yani tavrı yanlış olamazdı. Bu 10 yılda tek bir hastalık günü bile geçirmedi. Sakinlik, dinginlik ve gerekli mesafe onun tarifindeydi. Şimdiye kadar, bunu çalıştığı herkese tavsiye etti ve diğer birçok meslektaşına tavsiye etti, çünkü bu sağlıklı kalmanın

tek yoluydu. Ve sadece sağlıklı bir durumda tam performansınızı arayabilirsiniz. Karakterlerim başka bir şey söylüyor. Ama her şey mantıklı geliyor. Karakterlerim her zaman başkalarına koşulsuz olarak yardım etmeye çalışıyor. Kendimi unutsam bile. Kendiniz ve başkaları arasında yardım edebileceğiniz belirli bir mesafe elde etmeyi öğrenebilirsiniz, ancak çok yaklaşmasına izin vermeyin. Kendi çalışma biçimimi geliştirmek istedim. Bay Jonson gibi olamadım ve olmak da istemedim. Bu ben olmazdım. Mizacımı ve büyük kalbimi inkar etmek ya da bastırmak istemiyorum. mizaç ve aynı zamanda babamdan gelen yardımcı sendromu var. Ayrıca zamanında herkese yardım etmeye ve elinden geldiğince onları desteklemeye çalıştı. Daha sonra açıkça ondan miras kalan bu „ iyi " genlerini aldım.

Bugün, Bay Jonson'un benim ofisime geldiği ve bana bugünden itibaren tek başıma çalışacağımı söylediği eğitimin başlamasından tam olarak iki ay geçti. Şimdiye kadar bana her şeyi öğrettiğini ve artık bunu tek başıma yapabileceğimi düşündüğünü belirtti. Yan ofiste oturuyordu ve aradaki kapı her zaman açık olacaktı. Bir sorunla karşılaşırsam ve ne yapacağımı bilemezsem, her zaman ona başvurabileceğimi söyledi.

Bölüm 5

"Stres, Stres, Stres..."

İşe alınmamdan sonraki ilk iki ay çok zor geçti. Öğrendiklerimi uygulamada doğru bir şekilde kullanmak her zaman kolay değil.

Üstelik vatandaşlar her zaman kolayca yönetilemiyorlardı. Beni zorlayan ve üstesinden gelemeyeceğim bazı vatandaşların acı kader darbeleriyle ilgili endişelerim var. Bu durumu kafamdan atmak benim için çok zor. Ve sonra, aslında farklı bir karar vermek istesem de, bazen bir vatandaşa bir şeyi açıklamam gereken günler oluyor. Ancak yasal durum nedeniyle ellerim bağlı olduğundan, insanlara gerçekten ihtiyaç duydukları şekilde yardımcı olamıyorum. Bu durum beni çok zorluyor. Ancak elimden gelenin en iyisini yapmaya çalışıyorum.

Bugünlerde hepimizin ofiste yapacak çok işi var. İş günü 10/12 saat olabilirdi ve yeterli olmazdı. Bütün bunlar bana iz bırakıyor. Tekrar tekrar aniden ortaya çıkan ateş ve buna bağlı şiddetli ağrı ile uğraşmak zorundayım. İlk başta ağrı atakları sadece kalçada, daha sonra tüm vücutta meydana geliyor. Bazan bu ataklar sadece bir gün sürer, ancak bazen tüm hafta onlarla uğraşmak zorundayım. Her şeyden önce, sanırım bir enfeksiyon kapmış olabilirim ve çok yakında biteceğini umuyorum. Ama durum böyle olmadığında, doktorum bunu netleştirmesine karar verdim. Aslında bu ağrı ataklarını kalçamda yaklaşık üç yıllık daha uzun bir süre boyunca geçirdiğimi fark ettim. O zaman bacağımı zor kaldırabiliyorum. Ağrı genellikle iki ila üç gün sonra gittiğinden, daha ciddi bir şey olabileceğinden endişelenmiyorum. Sadece bir yıl boyunca unutkanlığım bazen beni düşündürüyor. Bu yüzden ailemle benim aramda her zaman küçük fikir ayrılıkları olur.Bana bir şey söylediklerini söylerken canımı yakar ama bu konuda hiçbir şey bilmiyorum. Çünkü haklı hissediyorum ve ifadelerinden şüphe ediyorum. Ayrıca ara sıra DVD akşamlarımızdaki filmleri de hatırlamıyorum. Bu filmler haftalar sonra TV'deyken ve onları güzel bulduğumda, kocam onları zaten gördüğümüzü söyleyor. Bunu şiddetle reddediyorum. Bu daha sık ve daha sık olur, bu yüzden kocam bunu dahiliyeciye söylememi istiyor. İşyerindeki strese özel stres de ekleniyor. Bu şekilde devam edemez ve etmemelidir. Uygulamada dahiliyeciyi aradım ve gelecek hafta orada bir randevu aldım. Daha önce hiçbir şey özgür değildi.

15 Ağustos 2004. Bugün iç hastalıkları uzmanına randevum var. Bugün yine o günlerden biri, vücudumun her yerinin acıdığı günlerden biri. Bu nedenle çalışmak giderek zorlaşıyor. Ama mücadele ediyorum. Çünkü Köln şivesinde güzel bir deyim vardır:

"Ne olmalı, bu olmalı"

Artık bir ateş nöbeti yaşadığımı fark ettiğimde hemen Parasetamol alıyorum. Ateş hızla düşüyor ve yan etkisi olarak ağrı ataklarını tam olarak hissetmiyorum çünkü Parasetamol bununla da mücadele ediyor.

Yaklaşık 30 dakikadır bekleme odasında oturuyorum, adımı duyduğumda nihayet sıram geldi. Muayene odasına vardığımda doktor beni karşılıyor ve benimle nasıl olduğumu soruyor. Beni uzun zamandır görmemiş. Sorunlarımdan detaylı bir şekilde bahsediyorum ve ayrıca yeni bir göreve başladığımı da anlatıyorum. İlk olarak yeni işimden ve vatandaşların bazı kaderlerinin beni ciddi şekilde etkilediğinden bahsediyorum, çünkü yasal düzenlemeler nedeniyle yardım etmek istediğim gibi yardım edemiyorum. Sonra sağlık sorunlarımdan bahsediyorum. Anlatırken doktorun yüz ifadesi giderek ciddileşiyor. Ayrıca, giderek artan ateş nöbetleri ve dayanılmaz ağrı atakları nedeniyle aslında çalışmanın imkansız olduğunu ve sadece ağrı kesicileri alarak bunun bir şekilde mümkün olduğunu söylüyorum.

"Lütfen bana yardım edin Doktor Hanım. Bu sağlık sorunları yüzünden tekrar işyerinde zorluklar yaşamak istemiyorum."

O, bana, bana yardım edebilmesi için önce nedeni bulmamız gerektiğini söylüyor. Bunu anlıyorum ve umuyorum ki nedeni hızlıca bulacak ve böylece yakında işime tekrar sağlıklı bir şekilde devam edebileceğim. Ona, sadece kötülüğün nedeni ortaya çıkarsa her şeyi benimle yapabileceğini temin ediyorum.

Ve işte doktor maratonu başlıyor.

Bölüm 6

„Tours of Docs"

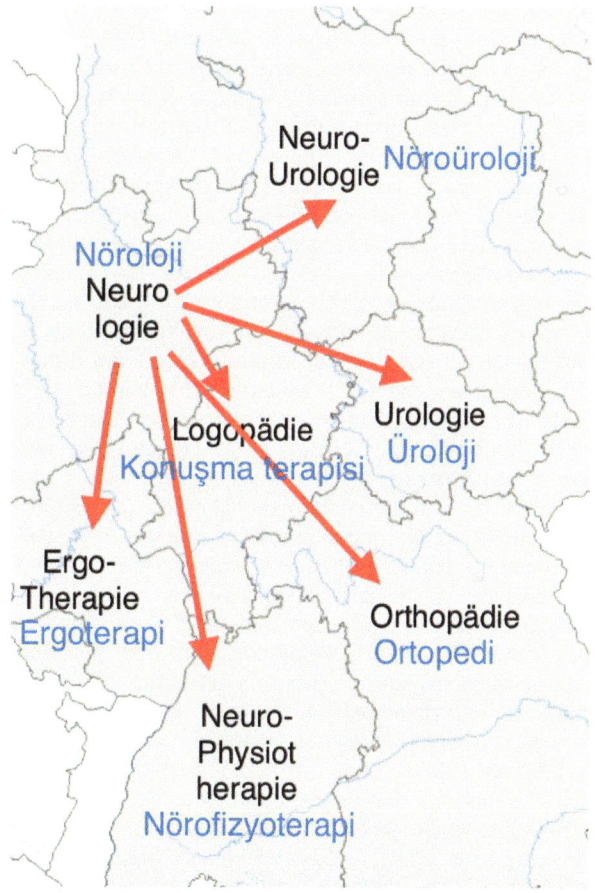

20.08.2004 tarihinde Doktorlar Maratonu başlıyor. Bu noktada henüz başıma geleceklerin farkında değilim.

İç hastalıkları uzmanında ilk aşama sonuçsuz kalır. Daha fazla değerlendirme için beni bir radyologa yönlendiriyor. Orada hızlı bir şekilde randevu alıyorum. Bu beni sevindiriyor çünkü artık ağrılar dayanılmaz hale geldi ve beni çok etkiliyor. Artık yaşam kalitesine sahip olmadığımı hissediyorum.

Radyologla yapılan bu ikinci aşama, kalçanın her iki tarafında başlangıç osteoartritis olduğunu ortaya koyuyor. Ayrıca, rahim çok sol ağırdır, bu da kalça ağrısının nedeni olabilir. Daha fazla açıklama için, üçüncü aşama jinekologdur. Karnımın ayrıntılı bir incelemesinden sonra, sol kalçadaki ağrının uterustan kaynaklanmadığı açıktır. Bir yandan, kötü bir şey bulamadığı için mutluyum. Öte yandan, hala üzgünüm, çünkü üç tıbbi aşamadan sonra bile sağlık sorunlarım için hala bir açıklama veya nedeni yok. Daha sonra, her şey nörolojik olarak açıklığa kavuşturulmalıdır. Dedi . bitti. Nörologdaki dördüncü aşama başlar. Kafamın özel bir nörolojik muayenesinden ve kapsamlı bir kan sayımı kontrolünden sonra, tüm bunlardan sorumlu olabilecek bir bulgu var. Kan sayımı sonucunda, geçmişte Lyme hastalığından geçmek zorunda kaldığımı görebilirsiniz. Bir kene ısırığından kaynaklanan bir hastalık. Benim durumumda göründüğü gibi böyle bir şey tanınmazsa ve kene doğrudan çıkarılmazsa ve antibiyotik tedavisi doğrudan gerçekleştirilirse, en kötü durumda, menenjit ortaya çıkabilir, ölümcül veya ciddi nörolojik hasara neden olabilir. Ancak kronik şikayetler de benim durumumda olduğu gibi hayatı zorlaştırabilir. Kene ısırığı oldukça mümkündür. Çünkü ben gençken sık sık dışarıda ve ailemle birlikte mantar aramak için yerel ormanlardaydım. Nörolog bana bu şikayetleri tamamen ortadan kaldırmak için özel infüzyonların kullanılabileceğini söylüyor. Bununla birlikte, bu hikayenin yakalanması, bu tedavinin yaklaşık olmasıdır. Maliyetler EUR 2000 ve sağlık sigortası fonları kapsamında değildir. Vay! Önce o çuvalı bırakmak zorunda kaldım. Bana bir nöroloğa eşlik eden kocam da biraz kayıplara bakıyor. Bir yansıma dönemi istiyoruz ve elveda diyoruz. Sonuçta, evde yatağın altında böyle bir tatlı yok. Her nasılsa, nörolog bu tedavinin maliyeti hakkında söyledikleri bize biraz şüpheli göründü. Sağlık sigortası şirketimizle iletişime geçmeye karar verdik. Bu, nöroloğun, eğer bir hastanede gerçekleştirilirse, tedavinin sağlık sigortası şirketi tarafından çok iyi ödendiği yönündeki açıklamalarını çürütür. Bununla birlikte, iyi yapılmış bir Lyme hastalığı olduğu teşhisi % 100 kesin olmalıdır.

Bu bize daha olumlu geliyor. Bu nöroloğa, şehirde oldukça iyi bir üne sahip olan, gelecekte büyük bir mesafeyle yaklaşmayı planlıyoruz.

Hizmetlerinden artık yararlanmayacağız ve başkalarına da tavsiye etmeyeceğiz. İç hastalıkları uzmanımdan aynı gün hastaneye yatış için gerekli yönlendirmeyi alıyorum. Evde sadece birkaç küçük eşya topluyoruz. Hastanede sonsuza dek kalmayı düşünmüyorum. Hastanenin kayıt bölümünde oturduğumuzda yüksek ateşim tekrar başlamış. Kayıttan sonra doğrudan muayene bölümüne geçiyoruz. İlk olarak kanım alınıyor. Ardından bir beyin omurilik sıvısı testi yapılacak. Bu testte, uzun bir iğneyle omuriliğin üzerinden beyin omurilik sıvısı çekiliyor. Aslında olduğundan daha kötü duyuluyor. Ancak bu testle birlikte bir Lyme hastalığı teşhisi konulabilir. Hatta hastalık birkaç yıl önce bile olsa.

Benim için bu muayeneyi yapan doktor, aldıktan hemen sonra bana beyin suyunu gösteriyor.bu cam tüpte gerçekten sıradan suya benziyor. Alınan beyin suyu çok berrak olduğundan, beynin iltihaplanması yoktur.böyle bir durum olsaydı, sütlü bulutlu olması gerekirdi.

Şimdilik çok rahatladım. Ancak bu sadece doktor tarafından yapılan ilk değerlendirme olduğu için, laboratuvardan elde edilen son bulgular elde edilinceye kadar sabırlı olmalıyım. Ateşim hala çok yüksek olduğu için doktorlar açıklama için burada kalmamı istiyorlar. Buna gerek olmayacağını umuyordum. Ama şimdi iyi. Bir şey olmak zorunda. Bu şekilde devam edemez.

Beyin su muayenesinin bulgularının iltihaplanma değerleri olmadığı için tamamen baş aşağı oldum. Hiçbir şey dışarıda bırakılmaz. Ancak sağlık sorunlarım için bir neden bulunamadı. Sadece günlük kan kontrolünden kaynaklanan inflamatuar değerler hala çok yüksektir. Başucumda yatarken ve düşünceyle kaybolan pencereden dışarı bakarken telefonum çalıyor. Hattın diğer ucunda İstanbullu kuzenim var. Kızımdan hastanede olduğumu öğrendi ve bana şu anki durumu sormak istiyor. Ona sorunlarımdan bahsediyorum. Ondan doğrudan bir tepki almadığım için, hala orada olup olmadığını soruyorum. Türkiye ile Almanya arasındaki telefon bağlantıları bir konuşmanın ortasında koptu. Oyunda daha yüksek güçlerin parmaklarının olduğu rivayet edilir. Öyle olsun.

Ülkü (kuzenim sağda) ve ben

Kuzenim Ülkü, kardeşinin de 18 yaşından beri aynı belirtileri yaşadığını söyledi. İlk başta doktorlar da semptomlarının nedenini açıklayamadı. Ta ki ona genetik test yapana kadar. Burada, güney ülkelerinde daha çok "ailesel Akdeniz ateşi" olarak bilinen, "FMF" adı verilen bir genetik kusur keşfedildi. Bu genetik kusur nedeniyle vücut, çoğunlukla organlarda biriken ve vücut tarafından parçalanamayan veya işlenemeyen çok fazla protein üretir. Ateş ve eklem ağrısı gibi diğer semptomlar romatizmal hastalıklara benzer.

Benim de bu genetik kusurdan muzdarip olduğumu varsaymak mantıklıdır. Ancak yalnızca genetik testler kesinlik sağlayabilir.

Kuzenime bu genetik kusur ve ortaya çıkan sorunlar karşısında bir şeyler yapılabileceğini, ya da kardeşinin buna karşı ne yaptığını soruyorum. Bana kardeşinin 18 yaşından bu yana ve teşhis konulduktan beri günlük olarak gut ilacı aldığını, bu ilacın eklem ağrıları ve ateşi büyük ölçüde bastırdığını söylüyor. Bu nedenle bu nöbetler artık daha az meydana geliyor. İlacı ölümüne kadar alması gerekiyormuş. Şimdiye kadar başka bir şey yokmuş. Sonra kısa bir süre daha bu konu hakkında konuşuyoruz ve bir süre sonra konuşmamızı sonlandırıyoruz. Beni güncel tutmamı ve kendime iyi bakmamı rica ediyor. Ne tesadüf... Acaba bu benim sorunlarım için de anahtar olabilir mi?

Ben bu genetik bozukluğun ne anlama geldiğini ve nereden geldiğini kısaca açıklamak istiyorum.

Bu genetik bozukluk, "Ailevi Akdeniz Ateşi" adıyla bilinen, genellikle Arap ve Güney ülkelerinde, İtalya ve Türkiye gibi ülkelerde görülür. Bu ülkelerde, geçmiş yıllarda aile içinde evliliklerin de yaşandığı sıkça görülmüştür. Örneğin, kuzenin kuzeniyle evlenmesi gibi. Buna da yakın akraba evliliği denir. Bu bağlantılar sonucunda, bu genetik bozukluğa sahip çocuklar doğmuştur. Bu genetik bozukluk geçebilir. Ancak bu, her taşıyıcıda genetik bozukluğun belirtilere yol açacağı anlamına gelmez. Bir genetik bozukluk taşıyıcısı şanslı olabilir ve hayatı boyunca şikayetsiz kalabilir. Daha önce de belirtildiği gibi, bu genetik bozukluk vücudun fazla protein üretmesinden sorumludur.

Bu, organlarda tercihen birikir, bu da organların doğru şekilde çalışamamasına ve organ yetmezliğine neden olabilir. En sık olarak böbrek yetmezliği meydana gelir. Bu protein birikimini organlarda engellemek için ömür boyu "Colchicum Dispert" adı verilen bir gut

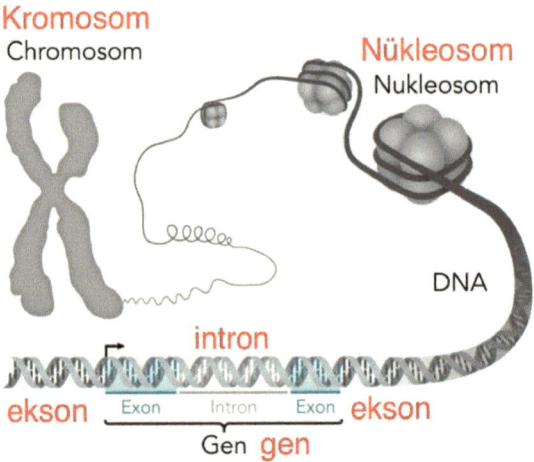

Kromosom
Chromosom

Nükleosom
Nukleosom

DNA

intron

ekson Exon Intron Exon **ekson**

Gen **gen**

ilacı almak gerekmektedir. Eklem ve ateş nöbetlerine stres ve soğuk/ nemli hava da dahil olmak üzere çeşitli faktörler neden olmaktadır.

Bunu hastanedeki tedavi eden doktorlara bildirdikten sonra, bu genetik kusura da aşina olan uzman bir (hematolog) tarafından bu genetik testi yaptırmamı tavsiye ediyorlar. Söylemesi yapmaktan daha kolaydı. Bu genetik kusur bu ülkede çok sık ortaya çıkmadığı ve bu nedenle oldukça keşfedilmemiş olduğu için, doğru doktoru bulmak için uzun bir süre aramak zorunda kaldım. Köln Üniversite Hastanesinde aradığım şeyi buldum. Hemen randevu almak zorunda kaldım. Bir sonraki sorun buydu. Bu doktorla randevu almak genellikle çok zordu.Hemen hemen imkansızdı. Ve bu yüzden doktoruma aciliyeti belirtmek için doktora başvurup başvuramayacağını soruyorum. Çok şanslıyım ve önümüzdeki hafta için doğrudan bir randevu alıyorum. Ancak, bekleme süresi ile, ben itildi beri, tabiri caizse, hiçbir şey aslında ücretsiz oldu. Muhtemelen kendiniz biliyorum; bir doktor randevusu bekliyorsanız, bir hafta içinde oldukça zamanında olsa bile, bu hafta sonsuzluk gibi görünüyor ve zamanı geldiğinde, gitmemiz gereken üniversite kliniğinde kendimizi akıllı hale getirmeliyiz. Bilgide, onkoloji için sekizinci kata gitmemiz gerektiğini öğreniyoruz. Daha sonra kayıtta kayıt olmalıyız. Bununla birlikte, şimdiye kadar, genetik bir kusurun onkoloji ve romatizma ile ne ilgisi olduğunu hala tam olarak anlamadım. Ama muhtemelen bu yüzden doktor olmadım. Kayıt sırasında Dr. Wiese ile randevumuz olduğunu öğreniyoruz, ancak yine de sabırlı olmalıyız ve lütfen bu süre zarfında bekleme alanına kaydolun, buna kişisel ve sağlık sorunları da dahil edilmelidir. Kanser hastalarının da tedavi edildiği onkolojide bu katta birçok kaderle karşılaşıyoruz. Saçsız, tebeşir ağartılmış veya yüzünde soluk, iğ kapılı, damlama boyunca slurping veya oturma, çünkü artık güçleri yok. Böyle bir şey her zaman bana çok yaklaşır ve eğer yapabilseydim onları tüm acılardan kurtarmak isterdim. Buradaki tüm hasta insanları gördüğümde, kendimi nispeten iyi olduğum için şanslı sayabilirim. Çünkü kanser bir pisliktir ve öyle kalır. Ama bu da hayattı ve umarım hala beklerken yakında burada işimiz biter.

Yaklaşık iki saat bekledikten sonra nihayet çağrıldık. Bayan Dr. Wiese selamlaşmamız hakkında çok samimi bir izlenim bırakıyor. Kendimizi adadık ve sağlık sorunlarım ve şimdiye kadar yapılan incelemeler hakkında rapor vermeye başlıyorum. Ben konuşurken zaman zaman yanımızda getirdiğimiz belgelere bakar. Konuştuğum hissedilen sonsuzluktan sonra, kısa bir süre için sessiz. Test sonuçlarına hızlı bir şekilde bakar ve daha sonra doktorların Merheim'da yaptığı açıklamaları onaylar.

„Her şey genetik bir kusur için konuşuyor. Bu hastalığın iki türü vardır. Genetik kusuru, Türkiye'den gelen babasının kökeni ile ilgilidir. FMF veya aile Akdeniz ateşi olarak adlandırılan bu tür genetik bozukluk, vücudun çok fazla protein üretmesine neden olan otoimmün bir hastalıktır, vücudunuzun artık bu miktarlarda doğal bir şekilde parçalanamayacağı ve daha sonra vücudun herhangi bir yerinde biriktiği. Organlarda tercih edilir. Hastalar genellikle böbrek yetmezliği gibi organ yetmezliğinden ölürler. Şu anda yardımcı olan tek çare, zamansız sonbaharın hazırlanmasıdır: Colchicum Dispert. Bir gut ajanıdır. Proteinin birikmesini ve ateşi veya. Ağrı saldırıları. Bu ilaçla dezavantaj: bağışıklık sistemini aşağı çeker ve bu fazlardaki diğer enfeksiyonlara karşı daha hassassınızdır. "

Doktor bu hastalık hakkındaki açıklamasını bitirdikten sonra, bir süre sessizlik olur. Şimdi duyduklarımı sindirmem ve işlemem gerekiyor, bu benim için kolay değil. Tabii ki, Merheim'deki doktor da bize bunu ima etmişti. Ama şimdi her şeyin kesin gibi görünüyor. Dr. Wiese'nin randevusundan önce, belki de daha basit bir şey olduğunu umuyordum. Eşim bana bu konuda zorlandığımı hissediyor olmalı ve elimi sıkıyor. Bu anda gözyaşlarımı kontrol edemiyorum ve serbest bırakıyorum. Uzaklardan, eşimin doktora yapabileceğimiz veya kaçınmamız gereken başka bir şey olup olmadığını sorduğunu duyuyorum. Doktor, stresin bu hastalık için zararlı olduğunu, protein açısından zengin besinlerden kaçınılması gerektiğini vb. açıklıyor.

Bölüm 7

"Tünelin Sonundaki Işık"

Sonunda ateşimin ve ağrı ataklarının nereden geldiğini biliyoruz. Size teşekkür ediyoruz ve bir yıl boyunca bir kontrol randevusu ayarlıyoruz.resepsiyonda, doğrudan hastane eczanesinde kullandığımız Colchicum Dispert hakkında bir tarif alıyoruz. Bu ilacı günde iki kez, sabah ve akşam almalıyım. Ertesi gün almaya başlıyorum ve bir süre sonra mahmuzlarla daha iyi olacağını ve sık sık ortaya çıkmayacağını umuyorum.

Almanın ilk haftalarında, karın ağrısı, ishal ve kilo alımı gibi diğer yan etkiler fark edilir.ancak neredeyse tam olarak bir ay sonra, alevlenmelerin daha az olduğunu fark ettim. Tamamen geçmemişti, ama en azından artık o kadar da yaygın görünmüyorlar, tekrar yaşam kalitem var. Bu yeniden kazanılan yaşam kalitesiyle birlikte, tekrar çalışmam da daha kolay. Bu, enerjiyle püskürtmemin tek yolu. Ancak konsantre olmakta zorluk çekiyorum. Hala doğrudan okuduklarımı veya duyduklarımı anlamakta ve işlemekte zorlanıyorum. Onları anlamak için birkaç kez okumam gerekiyor. Aslında anlamlarını anlamak için bildiğim kelimeleri aramam veya google'a bakmam gerekiyor. Colchicum Dispert ateş / nüksleri açısından iyi sonuç verdiğinden, konsantre olma zorluğunun bu genetik kusurla ilgisi olmadığını varsayıyorum; ama beni fazla endişelendirme ve önce sana dayanmasına izin ver.

Colchicum Dispert'in sürekli kullanımına rağmen ateş /ağrı nükslerinin daha sık ortaya çıktığı iyi bir altı ay sona erer. Ama şimdi hastalığın başlangıcından daha şiddetli. Onkolojide Dr. Meadow ile check-up randevum devam edene kadar hala iyi bir altı ay olduğu için, ben burada Köln'de bulunan bir onkolog veya FMF'ime aşina olan çevreyi aramak için internete giriyorum. Bazı arama ve sayısız telefon görüşmesinden sonra, aradığım şeyi buluyorum. Aslında burada Köln'de çalışan ve FMF'ime aşina görünen bir onkolog var. Hemen arayıp aynı hafta içinde randevu alıyorum. Bu ilk randevuya yalnız gidiyorum çünkü kocam çalışıyor. Bu onkoloğun uygulaması şehir merkezindeki bir tıp merkezinde. Resepsiyona kaydoldum ve tekrar doldurmak için kapsamlı bir anket aldım. Zaten çağrıldığımda doldurmayı bitirdim. Anketi doğrudan tedavi odasına götürüyorum. Profesör Doktor Depp beni orada karşılıyor. Belgelerimi ve anketimi bekleme alanında doldurdum ve size sorunlarımı anlattım. Kendisine verilen belgeleri dinler ve inceler. Ayrıca ona alevlenmelerin artık daha sık göründüğünü ve birkaç gün sürdüğünü söylüyorum, bu da hastalığın başlangıcında böyle değildi. Daha sonra bana açıklıyor, günde iki Colchicum Dispert almak yeterli değildir. Gün boyunca günde 12 tablet almayı önerir. Bunu iki / üç aylık bir süre içinde yapmalıyım. Sonra vuruşlarla çok daha iyi olması gerekiyordu. Yüksek doz konusunda endişelenmeme gerek yok. Zaten bildiğim yan etkiler dışında, neredeyse hiç yan etkisi yoktur. Hepsi bu.

Bana veda ediyor. Resepsiyonda üç ay içinde yeni bir tarif ve başka bir randevu alıyorum.

Eve geldiğimde, kocama doktorun ne dediğini ve ilk önce günde sekiz tablet almaya başlamaya karar verdiğimi söylüyorum. İkiden on ikiye doğrudan bir artış bana çok gibi geliyor. İlacın paket ekinde ve internette günde 12 tablet alabileceğinizi okudum. Yine de, bunu gerçekten doğru anladığımdan ve onkoloğu tekrar aradığımdan emin olmak istiyorum. Danıştayda kararlaştırılanı onaylar. İki ila üç aylık bir süre boyunca günde 12 tablet almalıyım. Üç ay içinde bir sonraki randevumuzda, ilaç seviyesini koruyabileceğimi veya tekrar azaltabileceğimi tartışacağız. Endişelenmemem gerek. Sadece üç hafta sonra önemli bir gelişme fark ettim. Alevlenmeler önemli ölçüde azaldı ve bir hafta sonra tamamen ortadan kalktı.

Sonunda işler yoluna girdi. Ve geride kalan zor zamanlarda bile, umudu hiç kaybetmedim. Çünkü güzel bir deyimde olduğu gibi: "Umut en son ölür." Çok mutluyum ve kızım ve kocam da benim için çok seviniyor.

"Şanslıydın"

Bölüm 8

"Her gün yeni bir başlangıçtır"

Üç haftadır günlük 12 tablet Colchicum dozu alıyorum ve fiziksel olarak çok iyi olduğumu söylemeliyim, neredeyse semptomsuzum, birkaç hafta önce ne kadar kötü olduğumu neredeyse unutuyordum. Ama şimdi burada ve şimdi yaşıyorum ve bu yüzden bu kötü zamanı tekrar düşünmek istemiyorum. Artık her saniyenin, her dakikanın, her saatin ve iyi olduğum her günün tadını çıkarıyorum. Geçmişle vakit kaybetmiyorum, acı çekmeden olmanın nasıl bir şey olduğunu gerçekten unutmuşum. Bu nedenle, bu semptomsuz zamanın sonuna kadar tadını çıkarıyorum. Ben aslında doğası gereği pozitif bir insanım. Ama bu geçen sefer, ateş ve acıya karşı bu sürekli mücadele üzerimde izler bırakmaya başlamıştı. Nerede iyimser olursanız olun, aniden iyiye olan inancınızdan yoksun olursunuz. Artık daha iyi olacağını hayal bile edemiyorum. Olumsuz düşüncenin bir girdabına girersiniz ve ondan çıkmayı zor ya da hiç bulmazsınız. Her gün yeniden başlama şansınız var. Bu benim sürücümdü.Uykuya dalmadan önce her akşam aklımda kendime şöyle demiştim: "kafa yukarı, yarın yeni bir gün. Yarın daha iyi olacak. Her yeni gün şansın için şans".

İlaç şeklinde yardım aldım. Ne olursa olsun, sadece başarı önemlidir, ki bunu tekrar yaparsınız.

Ben de aynen öyle hissediyorum. İşim benim için çok daha kolay. Özel olarak bile, sevdiklerimle güzel şeyler yapma arzusuna ve arzusuna sahibim. Birkaç hafta önce düşünülemeyen bisiklet gezileri bile bana yeniden zevk veriyor. Sevgili hollandalı bisiklet sürmeyi seviyorum. Onunla saatlerce manzaradan geçebildim ve rüzgarın saçlarımdan geçmesine izin verdim. Spor ayakkabı gibi formda hissediyorum. Hayır, şaka bir yana. Ben gerçekten iyiyim.

Sadece kafam her zaman böyle oynamaz. Eğer vücudum hala yapabiliyorsa, artık kafamdan hiçbir şey ememiyorum. Kafam vücudumun bir parçası değilmiş gibi geliyor, daha önce herkesin böyle günleri olmuştu. Ama bu günlerde bana daha çok ve daha son zamanlarda oluyor; neredeyse kalıcı hale geldi. Belki de vücudum kolsikonun yüksek dozuna alışmak zorundadır. Her neyse, sakinleşmeye çalışıyorum.

Ayda sadece 1-2 kez ağrı ve ateşle nüksettim. Bu optimal değil, son birkaç aydan daha iyi. Konsantre olma ve unutkanlığım beni hala endişelendiriyor. İş gününün sonuna büyük zorluklarla geliyorum. Bundan sonra, özel hayatım neredeyse sadece uykudan oluşuyor. İş gününden sonra eve geldiğimde mutlaka bir şeyler yiyorum ve hemen uyuyorum. Bazen televizyon izlerim. Çoğu zaman çok kısa bir süre sonra kanepede uyuyakalırım. Frank, kocam, sonra beni yatağıma götürür. Tanrıya şükür çok anlayışlı. Tüm ev halkıyla ilgileniyor ve yapabileceği her şeyde beni destekliyor.

Bu beni uzun vadede rahatsız ediyor. Uyu, çalış, ye. Uyu, çalış, ye. Yaşam kalitesi farklı görünüyor. Arkadaşlarımız zaten bize neler olduğunu soruyor çünkü artık görülemiyoruz. Kızım da giderek ihmal edildiğini hissediyor ve Frank ... Bunu hissetmeme izin vermiyor, ama aynı zamanda bu durumdan memnun olmaktan da uzak.

Giderek daha da endişeleniyor. Özellikle de gelişme olmadığı için. Aksine tam tersi. Ve bu yüzden neden hakkında daha fazla düşünüyoruz. Yeni departmandaki değişiklik sonunda doğru olan şey değil miydi? Kendimi bununla mı boğdum? Bana tek açıklama gibi geldi. İş yükümü sakladım, ancak günün sonunda işlenmemiş dosya yığını daha az değildi.

Dosyaları arayın ve düzenleyin, iş arayanları davet edin, istişarelerde bulunun, dosyaları koruyun ve yeniden gönderin......... İş günüm böyle görünüyordu. Günde sekiz saat, haftada 5 gün ... ve her gün marmot selamlaşıyormuş gibi hissettim. Tekerleğin içinde hamster gibi hareket ediyormuşum gibi. Çalıştım ve çalıştım, ama dosyaların dağ daha az oldu. Bu artan süre ile beni sinirlendirir. Özellikle her zaman geçmişte benim inanç olduğu için, günün sonunda temiz bir masanın olması. Bir zamanlar.........

Meslektaşlarım bana her zaman bunun asla böyle olmadığını ve beni neşelendirmeye çalıştıklarını söyler, ama bununla başa çıkamam, unutkanlığım ve konsantre olma zorluğum arttıkça, daha sinirli ve sinirliyim. Meslektaşlarım bana başka bir şey söylese bile, bunun bana bağlı olduğunu düşünüyorum.

Fiziksel olarak gittikçe daha fazla bozuluyorum. Enfeksiyonlar kabarcıklar /böbrek enfeksiyonları ile ortaya çıkıyor. Ne yazık ki, bu hastalık iznini de arttırıyor. Kesinlikle kendimi dayanıklı hissetmiyorum, vücudum grevde. Kafam belirli durumlarda hiçbir şey almak istemiyor. Sanki depolama kapasitesi dolu.

Yani gelmesi gerektiği gibi olur. Devamsızlık belirli bir süre sonra birikirse, tıbbi memura gitmeniz gerekir. Tıpkı şimdi benim durumumdaki gibi. Meslektaşlarım bana iyi şanslar diliyor ve her şey yoluna girecek. Hepsi arkamda, hastalık nedeniyle sık sık onları hayal kırıklığına uğratmak zorunda kalsam da. Ama bunu hissetmeme asla izin vermediler. Aksine. Benimle her zaman iyi konuştular ve mümkün olan her yerde desteklediler. Ama onlar da gittikçe daha fazla madencilik yaptığımı fark ettiler. Tüm sağlık sorunlarımı sağlık memurunun başında anlattıktan sonra fizik muayene devam ediyor. Hiçbir şey bulamadı. Bu nedenle, beni evde psikolog olarak çalışan bir meslektaşına göndermeye karar veriyor.

Orada aynı oyun. Başlangıçta sağlık sorunlarımı rapor ediyorum ve sonra psikolojik ve bir tür yetenek testi yapıyorum. Bu testte tam beş saat oturuyorum. Arasında, tekrar tekrar kesmem gerekiyor çünkü başım ağrıyor ve test devam ettikçe artıyor. Sonunda bitirdiğimde, önümüzdeki hafta için yeni bir randevu aldım.

Bu tarihe kadarki hafta sakız gibi geçer. Randevu ne kadar yaklaşırsa, o kadar gergin oluyorum. Bugün nihayet gün ve ben zaten muayene odasında oturuyorum. Karşıma tıbbi görevli ve son randevuda beni muayene eden psikolog var. Tıpkı son tarihlerde olduğu gibi, her ikisi de çok samimi ve hassastır ve sorunlarımla ciddiye alındığımı hissediyorum. Testlerin sonuçlarını benimle ayrıntılı olarak tartıştıktan sonra, sağlık görevlisi bana bir nörolog görmek istediğimi söyledi. Testlerden, fizik muayeneden ve tartışmalardan elde edilen tüm verileri değerlendirdikten sonra, sağlık sorunlarımın nedeninin nörolojik alanda yattığı sonucuna varıldı. Hafızamın testlerde sahip olduğu eksiklikler başka bir yerde açıklanamaz ve mümkün olan en kısa sürede açıklığa kavuşturulmalıdır. Bunu mümkün olan en kısa sürede yapmak istedim çünkü hafıza ve konsantrasyon sorunlarım devam ederken başka şeyler fark ettim. Sol elim son zamanlarda seğiriyor. Solakım. Bu, elimde bir şey tuttuğumda daha yoğun bir şekilde gerçekleşir. İçeriğe sahip bir fincan veya bardak tutmak, içeriğin hiçbirini dökmemek için gerçek bir zorluk haline geliyor. Ayrıca bir bardak serbest bırakmada sorun yaşıyorum. Eğer her elimde bir fincan tutarsam, bir tanesini öylece bırakamam. Önce ikisini de masaya bırakmak lazım.

Şikayetler her geçen gün artıyor. Dün Frank'e oturma odasına bir kahve getirmek istedim. Sol elimde benim için ve sağ Frank'in kupasında olan kupayı tuttum. Ona kupasını vermek istediğimde, hangi bardağı bırakacağımı ve hangisini bırakmacağımı bilmiyordum. Elimi kontrollü bir şekilde açamadığım için, aslında diğer herkeste olduğu gibi, fincan bir elden yere düştü. Diğeri, Frank'in onu elimden almak zorunda kaldığını, tuttum, sıkıştım. Bu kolay değildi çünkü el tamamen sıkışmıştı. Şükürler olsun ki ikimize de sıcak kahve dökülmedi.

Uzun bir aramadan sonra, hemen randevu aldığım bir nörolog buldum Bu zaten beş gün içinde oldu. Gerçekten mutluydum, çünkü şu ana kadarki şikayetlere ek olarak, solda bir kol seğirmesi de vardı. Frank bunu daha çok geceleri fark etti. Bazen bütün sol tarafım seğirir ve sonra kramp çekerdi. O kadar aşırı ki, sabahları söz konusu yerlerde gerçek bir ağrı kaslarım var.

Kocam aslında her zaman mümkünse doktora ziyaretlerimde bana eşlik eder. Bu yüzden bugün, bana eşlik etmesi benim açık dileğimken.

Çünkü bu randevudan ve orada görünebileceklerden zaten biraz korkuyorum. Buna ek olarak, dört kulak ikiden fazla duyar. Özellikle son birkaç aya baktığımda, çok şey unuttuğumda. Doktorun odasına girdiğimizde, doktor hala masasının arkasında oturuyor ve yanımızda getirdiğimiz muayene belgelerini inceliyor. Bizi fark ettiğinde, hemen kalkıp bizi selamlıyor. Oturduktan sonra şikayetlerimi doğrudan bildirmemi istedi. Eğer bir şeyi dışarıda bırakırsam, kocam onu ekleyecektir. Bunu kan toplama, EKG ve EEG, göz refleks muayenesi, yürüyüş muayenesi ve ve. Doktorunun odasına geri döndüğümüzde, sol kolu ve sol eli seğirmek dışında ciddi bir şey bulamadığını söyler. Tüm soruşturmalar dikkate değer değildir. Frank ona hala ne olabileceğini sorar. Uzun düşünmüyor ve bunun psikosomatik bir sorun olabileceğini düşünüyor. Daha spesifik olarak: psikosomatik stres bozukluğu. Bu öncelikle stres ve diğer stres faktörlerinden kaynaklanmaktadır. Beyniniz onlara vücudunuzun artık yapamayacağına, bunaldığına ve sınırına veya ötesine ulaştığına dair sinyaller gönderir. Yani onun açıklaması.

Bunu şu şekilde de açıklayabilirsiniz:

Bir bardağı suyla doldurup sıvıdan fazlasını bardağa döktüğümde bardak taşar.

Benim durumumda da böyle. Vücudumun/beynimin emebileceğinden daha fazlasını yapmasını bekliyorum. Görsel açıdan bakıldığında, benim için hiçbir şey olmuyor, ancak vücudum ve beynim bozukluklarla tepki veriyor. Bu aslında kulağa mantıklı geliyor. Her şeyden önce, kalplerimizden kocaman bir taş düşüyor. Daha kötü bir şey olmadığı için mutluyuz. Bu noktada durumun böyle olmadığı hakkında hiçbir fikrimiz yok. Doktor ilk olarak dört hafta boyunca bana hastalık raporu verdi. Dinlenmeye, rahatlamaya ve sadece kendim için iyi şeyler yapmaya gelmeliyim. Benim için mutlak tabu: „ Stres "

Ayrıca haftada iki kez psikoterapiye gitmek yerine temiz hava almalı ve çok hareket etmeliyim. Ayrıca kontrol etmek için dört hafta içinde bir randevu alıyorum. Elveda dediğinde, elimi normalden daha uzun süre bastırıyor ve stresi benden uzak tutmamı ve sadece kendimi iyi şeylere tedavi etmemi tavsiye ediyor. Söz veriyorum ve gidiyoruz.

Eve dönerken, o kadar zor olamayacağını düşünüyorum. Stresle bundan kaçının. Kocam zaten evimde her şeyimi alıyor bana gerçekten yardım ediyor. Sadece tüm ev halkıyla ilgilenmekle kalmıyor, alışveriş, temizlik vb. gibi onunla birlikte neler oluyor, hayır, aynı zamanda kızıma ev ödevinde yardımcı oluyor. Ve şu anda /işe gitmek zorunda olmadığım için, stresin nereden gelebileceğini merak ediyorum. Son haftalarda giderek daha fazla vicdan azabı çektim. İşten eve döndüğümde ve artık hiçbir şey yapamadığımda. Frank daha sonra bana hep sarıldı ve sonuçta rulolarımızı hak ettiğimi ve bir iş bölümümüz olduğunu söyledi. Ev işlerinden ve çevresinden sorumludur.

Kocamın neden herkes gibi işe gitmediğini kısaca açıklamak zorundayım.

Frank tanıştığımda rehabilitasyondaydı. Onu orada fark ettim çünkü her zaman bir kitap ve piposuyla hareket halindeydi. Diğer hastalardan uzakta, genellikle kitabında bir bankta tek başına oturuyordu. Gizlice hayran kaldım buna. Bir ara birbirimize rastladık ve konuşmaya başladık. Zamanla, sorunlarımıza güvendik ve onlar hakkında konuştuk, ama daha fazla değil. Ancak daha sonra, o eve döndüğünde ve ben hala rehabilitasyondayken, yakınlaştık. Bir sürü arama yaptık. Ve bir keresinde rehabilitasyonum sırasında beni kısa bir süre ziyaret etti. Aslında söylemek istediğim onun da psikosomatik olarak hasta ve terapide olduğu. Bu uzun zamandır. Bununla birlikte, şimdiye kadar, terapi sağlık sorunlarının nedenini açıklamamıştır. Belki de bu yüzden birbirimizi çok iyi anlıyoruz ve birbirimizi çok iyi tamamlıyoruz. İkimiz de hastayız. Bu bize diğeri için daha fazla anlayış sağlar. Çünkü hasta olmanın nasıl bir şey olduğunu çok iyi biliyoruz.

Bu yüzden suçlu vicdanım. Ayrıca sık sık rahat hissetmediğini ve gerçekten yapabileceğinden daha fazlasını yaptığını biliyorum.

O zaman bu tartışmayı yaparsak ve ona da daha dikkatli olması gerektiğini söylersem, sadece bir ev adamı olmaktan hoşlandığını söyler. Sonuçta, bu görev bölünmesi bize daha fazla zaman verecektir.

Nöroloğu ziyaret ettikten sonraki günler ve haftalar geçer. Kendime gerçekten davrandığım sakinliğe rağmen, şikayetlerim daha iyi olmadı. Tam tersi daha çok oldu. Sol elimin yanı sıra sol kolumun titremesi ve kramplanması daha şiddetli hale geldi ve kısa aralıklarla giderek daha yaygın hale geliyor. Nörologla kontrol randevusunun yarın olması iyi bir şey.

Söz konusu kontrol tarihinde, son dört haftadan itibaren doktora rapor veriyorum ve dinlenme ve stresten kaçınmaya rağmen şikayetlerin arttığını bile bildiriyorum. Benden sabır istiyor ve bazen bir iyileşmenin gerçekleşmesi biraz daha uzun sürüyor. Dört hafta daha hasta rapor veriyor. Bu, hastalık izninde yarım yıla ulaşılana kadar aydan aya tekrarlanır. Elimin ve kolumun seğirmesi artık kalıcı bir durum ve sadece ara sıra ve kısa bir süre için durmuyor.

Nörologla yapılan başka bir randevuda, ona bunun başka bir nedeni olup olmadığını soruyorum. Tüm olası nörolojik muayenelerin yapıldığı ve diğer tüm organik incelemelerin de bir sonuca varmadığı konusunda ısrar ediyor. Sadece psikosomatik bir hastalık olabilir. Ve bu, gerçekten göze çarpan bir iyileşmenin gerçekleşmesi için zaman alacaktır. Kendinize zaman tanıyın. Ayağına dönmek için zaman ayır. Konuş ve bana dört hafta daha hasta yaz.

Her zaman doğal olarak umudun en son öldüğüne inanmama rağmen, bu gelişme umudu içimde giderek daha az hale geldi, Frank başka bir nörologdan ikinci bir görüş alabileceğimi düşündükten sonra. Annemin yıllardır tedavi gördüğü psikiyatristi arıyorum. Aynı zamanda bir nörologdur ve Köln ve çevresinde mükemmel bir üne sahiptir. Aslında, annemin tedavi edildiği psikiyatriste gitmek istemiyorum. Ama bana mümkün olduğunca çabuk yardım edebilecek başka bir tane bulamıyorum.

Randevumu alana kadar burada dört hafta beklemek zorundayım, ancak iletişim kurduğum diğerleriyle bekleme süresi daha da uzundu. Yarım yıldır hastayım ve evde. Bu dört hafta için önemli değil. Bütün küçük umudumu ona verdim ve bana yardım edebileceğini. Kavgadan vazgeçmek istemiyorum. Çünkü savaşmayanlar başından beri kaybettiler.

Bölüm 9

"Sonunda her şey iyi olacak."

"Mutlu sonu olmayan"

"Sonunda her şey yoluna girecek. Eğer işler iyi sonuçlanmazsa, henüz son değildir"

Bugün, Nörolog ile ikinci görüşle ilgili randevu zamanıdır. Aşırı kalabalık bekleme odasında oturuyoruz. Dr. Stock'un bu kadar iyi bir üne sahip olması gerçek bir şey olmalı. O sadece bir nörolog değil, aynı zamanda bir psikiyatrist olduğu için, onun için büyük umutlarım var. Herhangi bir hastalığı dışlamak için kesinlikle beni sadece nörolojik olarak kontrol edecek. Öylece, muayene odasında oturuyoruz ve ben sorunlarımı ve şu ana kadar yapılan soruşturmaları rapor veriyorum. Ayrıca son nörolog psikosomatik bir hastalık varsayar; ama ikinci bir görüş istiyorum. Çünkü günümüzde, doktorlar hemen bir şey bulamazlarsa, tanı „ psikosomatik stres bozukluğu ". Sadece güvenli tarafta olmak istiyorum. Ve eğer sorunlarımın psikosomatik olduğu sonucuna varırsa, o zaman onayım var. Sonuçta, bu benim sağlığımla ilgili. Şimdi burada oturduk.

İnsan ruhu önemli bir rol oynar. Bunun her zaman farkında değiliz. Çok fazla dayanabiliyoruz. Doğada fiziksel ya da psikolojik olsun. Ama bedenimizin ve ruhumuzun da sınırları var. Sonuçta, her gün yaşadığımız, katlandığımız her şey işlenmelidir. Bir çöp tenekesi bile - karşılaştırmayı mazur görün - bir noktada doludur ve boşaltılması gerekir. Temel olarak, insanlar için farklı değildir. Bizim de bedenimiz ve ruhumuz sınırsız olamaz. Bizim de sınırlarımız var.

Uzun vadede acıya dayanamayız. Bir noktada bizi yıpratıyorlar. Ruhumuz hasta oluyor. Günde 24 saat çalışamıyoruz. Vücudumuzun uyku ve dinlenme sürelerine ihtiyacı vardır. Eğer bunu anlamazsanız, ruhumuz tepki verir. Şimdi sayısız örnek verebilirim.

Aslında hepimize söylemek istediğim şey: kendimize karşı daha dikkatli olmalıyız. Sadece tek bir bedenimiz var, sadece tek bir sağlığımız var. Sadece bir hayatımız var.

Şimdi lütfen psikoloji diplomasını da tamamladığımı düşünmeyin. Hayır, diğer insanlarla paylaştığım kendi deneyimlerimden bahsediyorum. Hayatında birçok kötü şeye katlanmak zorunda kalan ve kendini savunmadan yardım almadan yapan kocam da öyledi. Bedenine kadar ruhu öne çıktı ve bu şekilde devam edemeyeceğini anlamasını sağladı. Vücudu ve ruhu uzun zamandır bu sinyalleri gönderiyordu. Sadece dinlemedi. Hiçbir şey işe yaramadan istemiyordu ya da yapamıyordu. Sonunda hastaneye gitti. Ancak o zaman endişelenmeye başladı. Zamanla kendini daha iyi dinlemeyi öğrendi. Vücudundan gelen sinyallere dikkat edin. Henüz tamamlamadığı bir öğrenme süreci. Muhtemelen sonunda asla tamamlayamazsın. Sonuçta, hayat tek bir öğrenme sürecidir.

„İstediğiniz kadar yaşlı olabilirsiniz ve yine de yeni bir şeyler öğrenebilirsiniz."

Ama psikolojiye geri dönelim. Dereceye ihtiyacınız yok, deneyime ihtiyacınız yok. Her birimiz şu sözü biliyoruz: „Aşk mideden geçiyor ".

Ben sadece buna katılıyorum. Benim için ruhumuzun merkezi midede. Oradan vücudumuza birçok dal girer. Kalbe, beyine vs. Biri genellikle bağırsak duygusundan bahseder.

Bir örnek vermek gerekirse, çok sevdiğim ya da hayatımda benim için büyük bir varlık olan bir kişi tarafından çok incinirse ya da hayal kırıklığına uğrarsa, önce midem ağrıyor. Kalbim acımaya başlar. Başım ağrıyor çünkü beynimdeki sinapslar deliriyor. Bu sadece içimdeki bir şeyi tetiklemekle kalmaz, aynı zamanda benimle de mantıklı bir şekilde gidebilir ve tüm cümlelerle değil, belirsizce konuşabilirim. Tüm motor becerilerim ve dil merkezim çıldırıyor.

Yiyecek almak benim için bir acı haline geliyor çünkü aç hissetmiyorum. Geçmişte çok sık böyle aşamalar yaşadım. Ama daha sonra bu konuda daha fazla.

Nörolog beni, onunla tedavi olan annemden önce ve onun aracılığıyla tanıyor. İlk evliliğimdeki sorunlar yüzünden annem onunla sık sık benim hakkımda konuşmuştu. Sık sık onun danışma saatlerine giderdim.

İlk kocam ve kızımla, İstanbul'da yaşadığım için, genellikle yılda bir veya iki kez Almanya'ya geldik ve sonra yaklaşık bir hafta kaldık. Bu sefer Dr. Go'ya psikoterapiye gitmek için de kullandım. Tabii ki, yılda iki saat düzgün bir şekilde yardım almak için yeterli değildir. Bu iyiydi. Kendimi daha özgür hissettim ve sonrasında bir şekilde güçlendim. Onunla yapılan görüşmeler benim için çok iyiydi. Ve o zaten beni sadece şimdilik bir avantaj olabilecek bir şey biliyor. Ama bu sefer onun için oturduğum evlilik sorunları değil.

Bana yardım etmesi için büyük umutlarım var. Ona güveniyorum. İlk nörolog için durum böyle değildi. Her zaman beni doğru dürüst dinlemediğini hissettim. Beni hasta yazdı, hepsi buydu. Dr. Stock'a anlatıyorum ve sadece başını sallıyor.

Konuşurken, bana çok yoğun baktığını fark ettim. Sanki beni muayene etmek istiyormuş gibi. Tüm nörolojik muayeneleri tekrarlıyor. Soldaki reflekslerimin sağdakinden daha belirgin olduğunu fark ediyor. Ayrıca hareketlerimin koordinasyonunun yanlış olduğunu ve titrememin daha yoğun bir şekilde gerçekleştiğini fark eder. Bu titremeye teknik dilde tremor dendiğini ondan öğreniyoruz. Bazı durumlarda titremeyi fark etmemiştim. Frank daha sonra neyi fark ettiğini söyler. Yani, örneğin dolu bir bardak tuttuğumda, ona o kadar konsantre oluyorum ki, hiçbir şey dökülmesin diye, ama titreme daha sonra güçleniyor. Ayrıca yürüyüşe çıktığımızda Dr. Stock'a rapor veriyor ve yola dikkat etmiyorum, ama başka bir şeye dikkat ediyorum ya da bakıyorum, adım atıyorum ve tökezliyorum. Nerede söylerse söylesin, sadece gerçekten böyle olduğunu fark ettim. Muhtemelen onu dışarı ittim. Son birkaç ayda ne kadar olduğunu unutun.

Dr. Stock bize bunun sadece psikosomatik olamayacağını söylüyor. Bununla birlikte, kafatasının bir MRG'si, BT, sinir hızının ölçülmesi ve diğer bazı incelemeler ile daha fazla açıklama yapılması gerekmektedir. Bir an için doktorun odasında sessiz kalır.Sonra bize neden hala bu araştırmayı yapmak istediğini söyler. Parkinson'u olmadığını veya onaylamaya yarar. Yutmak zorundayım......Frank sıkıca elimi tutuyor....

Titreme gibi semptomlar var. Titreme, gece kas sertliği ve hareketlerimdeki yavaşlama tipik Parkinson semptomlarıdır.

Yine sakin oldu. Kimse konuşmuyor. Önce çuvallamasına izin vermemiz için bize zaman veriyor. 40 ile Parkinson (!) kendi adıma düşünüyorum. Bu olamaz. Sadece bir yürüteç ile nasıl hareket edebileceğimi ya da Frank tarafından tekerlekli sandalyeye nasıl itildiğimi gösteren ürpertici resimler kafamdan ateş ediyor. Bu sadece olamaz. Hayır ben değil ! Frank beni koluma alır, kulağıma sertçe bastırır ve fısıldar: „Korkma, hep yanındayım". Birkaç gözyaşı döktüm ve Dr. Stock bana kağıt havlularla dolu bir kutu verdi. Gözyaşlarımı yüzümden siliyorum. Dr. Stock bize bunun önce bir tahmin olduğunu ve henüz hiçbir şeyin taşa konmadığını söylüyor. Şu anda önemli olan tek şey sınavların mümkün olduğunca çabuk yapılması; Terapi ile veya tedaviye başlanılması gerekir. Yine de geleceklerden korkuyorum. Ya gerçekten Parkinson ise? O zaman bir bakım vakası olacak mıyım ? Doktor düşüncelerimi okuyabiliyormuş gibi, elime üç paket Ginkgo kapsülü veriyor. Unutkanlığıma karşı günde üç kez almalıyım. Tamamen doğaldır ve hiçbir yan etkisi yoktur. Ginkgo beyne kan akışını teşvik eder veya geliştirir.

Diğer her şey sırasıyla. En çok bir paketi birden almak isterdim, böylece bu unutkanlık ve konsantrasyon problemleri sona ererdi. Bulguları görüşmek için bir randevu daha alacağız. Bir yandan umutla eve gidiyorum ve nihayet sorunlarımın nedenini bulacaklarını umuyorum. Öte yandan, problemin hala bulunamayacağından büyük korkum var.

Parkinson olabilir. Frank fark eder ki içime dönüktüm ve düşüncelere dalmıştım. Beni kucaklar ve derin derin gözlerime bakar: "Yalnız değilsin. Ne olursa olsun, yanındayım ve elimden geleni yapmaya çalışacağım." Alnıma bir öpücük kondurur, sonra arabaya gideriz. Frank'ın yanımda olmasından çok mutluyum. Sadece varlığıyla bana çok güç veriyor. Mücadele etmeyi bırakmayacağım. Umudu asla yitirmeyeceğim. Çünkü umumiyetle umut en son ölür.

Bölüm 10

"Bekle ve çay iç"

"Bugün 2,5 papatya yiyene kadar çay içip sarhoş olacağım"

Ve yine nükleer tıp için radyolojik bir uygulamada tamamen kalabalık bekleme odasında oturuyorum ve içeride çok huzursuzum. Ben de çok yorgunum. Günlerdir çok gerginim ve geceleri uyuyamıyorum. Ve uyurken, bir seferde kabuslar görüyorum. Çok hafif bir uyku çeken kocam genellikle bunu fark eder ve sonra beni uyandırır ya da sadece vücudun bir bölümünde bana dokunur. Bu beni sakinleştirir ve kabus önce biter. Ama çoğu zaman kısa bir süre sonra devam eder.

Bekleme odasında bir yerden yüksek sesle bir çatlak duyun, ancak atayamazsınız ve bunun ne olabileceğini merak edemezsiniz. Bir şekilde korkutucu geliyor. Zaman geldi. Benim adım. Birden kalbimin daha hızlı attığını hissettim. Kafamın içinde bile vurma sesi duyuyorum. Şimdiye kadar kafamdan hiç MRI / CT olmadım, bu yüzden ne bekleyeceğimi bilmiyorum. Sağlık görevlisine bilgi kağıdını veriyorum çünkü bekleme odasında okudum ve doldurdum. Bu muayene aslında rutin bir muayene olarak kabul edilir. Ancak diğer araştırmalarda olduğu gibi, burada da riskler veya yan etkiler vardır. Muayene en küçük ayrıntısına kadar ayrıntılı olarak açıklanır ve bazen resimde de gösterilir. Katılan doktorum, Dr. Stock muayenenin gerçekten tehdit edici bir şeyi olmadığını garanti etse de, bilgi formunu okumak bana netliğinde başka bir şey verdi.

Tıbbi asistan bilgi formunu kontrol ederken, kan basıncımın arttığını ve gittikçe daha fazla dahil olduğumu fark ettim. Bilgi sayfasında açıklananları değil, yaklaşan soruşturmayı düşünmemeye çalışıyorum. Titreyen elim ve kolum güçleniyor elimi cebime koyuyorum. Tıbbi asistan rahatsız olduğumu fark eder ve beni sakinleştirmeye çalışır. Ne yazık ki, gerçekten başarılı olamıyor. Beni soyunma odasına götürdü ve metalik olan her şeyi bırakmamı istedi. Saniyeler sonra zaten muayene kızağında yatıyorum, bu da tüpe giriyor. Bu gerçekten oldukça sıkı. Kafam kızağa sabitlendi ve bir kulaklık takıyorum. Birden muayeneyi yapan radyologun bu konu hakkında konuştuğunu duydum. Beni selamlıyor ve endişelenmeme gerek olmadığını garanti ediyor. Elimde acil bir durumda veya aniden rahatsız hissettiğimde basmam gereken bir düğme var. Aslında doğrudan basabilirim, çünkü kendimi iyi hissetmiyorum. Ama olması gereken şey. Kızak hareket etmeye başlar. Tüpün içine giriyorum. İyi ki klostrofobik değilim. Burası gerçekten çok dar. Radyolog bana kulaklık üzerinden muayenenin şimdi başladığını ve tüm muayenenin yaklaşık 20 dakika süreceğini söyledi. Gözlerimi kapatıyorum ve dikkatimi dağıtmak için güzel bir şey düşünmeye çalışıyorum. Birkaç dakika sonra radyolog tekrar cevap veriyor ve muayenenin kontrast madde ile tekrarlanması gerektiğini söylüyor. Böylece beyni daha spesifik olarak görebilirsiniz. Kızak hareket etmeye başlar ve ben tüpten çıkarıyorum. Sağlık görevlisi beni bekliyor. Elimin arkasında kontrast maddeyi enjekte edebileceğim bir erişim noktası yaratıyor.

Kızak tekrar hareket etmeye başlıyor ve ben tüpe geri dönüyorum. Birkaç dakika sonra, kulaklıklardaki ses, bana kontrast ortamının artık eklendiğini ve bini biraz ısınabileceğini söylüyor. Ses kesilir kesilmez kollarımın ve kollarımın gerçekten ısındığını fark ettim. Bu ışi kafaya doğru devam ediyor. Ama bunu çok kötü bulmuyorum. Cihazın klapesi tekrar başlıyor. Uzun sürmiyor ve bitiyor. Kızak tüpü terk eder ve ilk önce kafadaki fiksasyondan kurtulurum. Şimdi bir dakika bekleme zamanı. Soyunma odasında oturuyorum. Şimdi daha iyi hissediyorum ve tekrar sakinleşti. Birkaç dakika sonra tıbbi asistan geri gelir ve yanında getirdiğim bir bardağı boşaltmamı ister. Bardağı boşaltırım ve hemen bir öğürme refleksi geliyor. Bardak içeriği tuzlu su gibi bir tat var. Kısa bir süre sonra kusmam gerektiğini ve tuvalete koşmam gerektiğini fark ediyorum ve orada kusuyorum. Maalesef tat konusunda çok hassasım ve hoş olmayan sıvılardan anında öğürme refleksi alıyorum. Ne yazık ki bu konuda hiçbir şey yapamıyorum. Başkalarının huzurunda, gerçekten utanıyorum. Soyunma odasına döndüğümde doktor asistanı bana yaklaşan muayenenin ancak sıvı alınarak yapılabileceğini, çünkü bunun tiroidimi korumaya hizmet ettiğini söyledi. Ona bazı sıvıları alma konusundaki sorunlarımı anlatıyorum. Radyolog ile istişare ederek, bunun bugün bir anlam ifade etmediği sonucuna varıyor. İlacı eve götüreceğim ve kusmadan oraya götürmeye çalışacağım konusunda anlaşıyoruz. O zaman hemen geri gelmeliyimki, çünkü böylece Datscan doğrudan yapılabilir. Benim için bir istisna yapıyorlar, çünkü bu tür bir prosedür aslında sıra dışı ve pratik değil. Çok teşekkür ediyorum ve eve dönüyorum. Oraya vardığımda bu iğrenç sıvıyı yudum yudum içiyorum. Bunu büyük zorluklarla yapabilmem, neredeyse iki saat sürüyor. Birkaç kez kusmanın eşiğindeyim. Ama işe yarıyor ve doğrudan radyoloji muayenehanesine dönüyorum. Oraya vardığınızda doğrudan tüpün içine geri dönersiniz. Bir saatten az resimleri ve raporu alıyorum. Doğrudan nöroloğumun muayenehanesini ararım ve bulguları tartışmak için randevu alırım. Ancak, bu sadece iki hafta içinde. İki hafta beklemem geriliyor. Ancak o zaman neler olup bittiğini, soruşturmanın neyi ortaya çıkardığını öğreneceğim. Şimdi bunu yaşamak zorundayım.

Bu demek ki: „ Bekle ve çay iç "

Bölüm 11

"Bilgi eksik olduğunda, gereksiz korkular ortaya çıkar"

Size kısaca Parkinson'un gerçekte ne olduğunu ve nereden geldiğini açıklamak istiyorum.

Hastalık ilk olarak 1817 yılında İngiliz doktor James Parkinson tarafından monografide tanımlanmıştır. Parkinson hastalığının farklı biçimleri vardır. En yaygın olanı, nedeni bugüne kadar araştırılmamış, „Diopatik Parkinson" sendromudur. Parkinson hastalığının neden olduğu semptomlar aynı zamanda demans gibi diğer sinir sistemi hastalıklarının da sonucu olabilir.

Parkinson'da, „Dopamin" (haberci madde) olarak adlandırılan madde önemli bir rol oynar. Bu haberci madde, uyarıların beyinden sinirler yoluyla kaslara yönlendirilmesini sağlar. Parkinson hastalığı, beyinde dopamin üreten sinir hücrelerine zarar verir. Bu da hareketleri koordine etmeyi kolaylaştırır. Denge bozuklukları ortaya çıkıyor. Düşme riski artar. Dinlenme dönemlerinde bile titreme vardır. Bir diğer tipik semptom kas sertliğidir. Şimdiye kadar, bu hastalık 200 yıldan fazla bir süre sonra bile tedavi edilemez. Bazı ilaçlar, fizyoterapi, mesleki terapi ve hepsinden önemlisi, çok fazla egzersiz ile Parkinson'un seyri etkili bir şekilde hafifletilebilir.

Ne yazık ki, genellikle ilgili bir kişi olarak - ve özellikle genç yaşta - ilk semptomların ara sıra ortaya çıkması, çoğu doktorun ilk başta onları ciddiye almaması söz konusudur. Özellikle nörologların zamanı yoktur ya da etkilenenleri dinlemek için, sıklıkla kullanmazlar. Parkinson tanısı konsa bile, çoğu zaman doğru bir açıklama yoktur.

Bu tanı benim için hasta olarak ne anlama geliyor? Ailem ve çevrem için, gelecekteki hayatım için ne anlama geliyor? Genellikle kontrol için, sadece bir tarif ve takip randevusu alırsınız. İşte bu kadar!

Bölüm 12

"Fırsatlar gün doğumu gibidir; çok beklersen kaçırırsın"

Nükleer tıp muayenesinden iki gün sonra nöroloğumla sonuçları görüşmek için randevum var. Genellikle mümkün olan en kısa sürede bir görüşme randevusu alınca mutlu oluyorum. Bugünkü randevuyu aslında hiç yapmak istemezdim. Muayene sonuçlarından dolayı, korkum çok büyük. Ama erken bir teşhis konulursa, buna karşı erken bir şeyler yapabilirim düşüncesindeyim. Çünkü nöroloğumun Parkinson hastası olduğum yönündeki şüphesi doğrulanırsa bunu durdurmak için mümkün olan her şeyi yapacağım. Kırkın başında hayatın tam ortasındayım. Hala birçok dileğim, hedefim ve hayalim var. Günün sonunda, hayata aktif olarak katılabilmek için, her şeyi yapmadığım için, kendimi suçlamak istemiyorum. Babam tarafından kendi ayaklarımın üzerinde durmam için büyütüldüm. Bu güne kadar değişmedi. Bağımlılık bana yabancı geliyor. O zamanlar, genç yaşta, sık sık babamın taleplerine boğulmuştum. Sık sık bana neden yardım etmediğini sordum. Daha sonra, kendi hayatım olduğunda, sık sık sert kaldığı için minnettardım. Bu tutum beni bazı krizlerden geçirdi ve zarar görmeden bıraktı. Kendi ayaklarınızın üzerinde durarak, daha özgürce yaşayabilirsiniz. Aynı zamanda kendi kişiliğinizi de güçlendirir. Savaşmayı ve hayatta kalmayı öğreniyorsunuz.

Bir "yapamıyorum" kelime dağarcığımda mevcut değil. Her şey olabilir, hiçbir şey yapmak zorunda değilsin.

Zaman geldi. Bugün çağrılmamız için, uzun süre beklemek zorunda değiliz. Doktorun odasına giderken, kalbimin atışını boynuma kadar hissediyorum. Kocamın elini sıkıca tutuyorum. Biz oturuyoruz. Frank elimi sıkıca tutmaya devam ediyor. Aslında, sadece varlığından dolayı, bana her zaman çok fazla güç veriyor. Bugün biraz farklıdır. İçerde çok heyecanlıyım. Dr. Stock bunu fark eder ve beni de sakinleştirmeye çalışıyor. Muayenenin resimlerine bakar ve bize beyinde, bir şeyin nerede olduğunu ve farklı alanların hangi görevlere sahip olduğunu açıklar. Sonra bize gerektiği gibi bir beyin resmi gösteriyor. Karşılaştırma, beynimdeki değişiklikleri açıkça gösteriyor. O açıklamadan, beynimdeki değişimleri de görüyoruz.
Bize dopaminin salındığı alanı gösteriyor. Bu alan bana normal durumda çok daha büyük olması gereken küçük bir karanlık nokta gösteriyor. Beynim yeterince dopamin salgılamıyor, bu da hareket bozukluklarımın nedenlerinden biri.

Önce bunun işlenmesi gerekiyordu........

Artık kesinlik vardı. Benim Parkinson'um var, ve kırklı yaşlarının başında. Sanki bir çekiç tüm gücüyle bana vuruyormuş gibi hissediyorum!!! Nöroloğumun sesini duyana kadar, neredeyse sonsuz bir sessizlik beni sarıyor. Köln'deki üniversite kliniğine gitmemizi tavsiye ediyor. Daha sonra orada özel soruşturmalar yapılacak. Çekilen resimler Parkinson olduğunu gösteriyor, ama nedeni değil. Uygun tedavi ancak bu açıklığa kavuşturulduktan sonra yapılabilir.

Transfer oluyoruz ve Dr. Stock bana cesaret verip, pes etmemeye çalışıyor. Bana ve kocama en iyisini diliyor ve bizden kendisini bilgilendirmemizi istiyor. Her zaman olası tüm senaryolara hazırlanmaya çalışırsınız. Ben de bunu denedim. Gerçekten böyle olsaydı ilaç alıp özel terapiler yapacağıma kendimi inandırdım. Ve sonra her şey yoluna girecekti. Ayrıca, sonsuz araştırmalar sonunda sona erecekti. Kendimi her şeyin bu kadar kötü olmayacağına inandırmaya çalıştım.

Şimdi her şey çöktü. Gözyaşlarım geldiğinde, arabamızın önünde duruyoruz. İçimden patlıyor ve artık buna dayanamıyorum.. Nörologun sözlerini tekrarlıyorum. O haklıdır. Şimdiye kadar o kadar çok şey başardım ki ve şimdide başarırın. Kesinlikle olumlu düşünmeliyim. Bu savaşın yarısı olurdu.

Pes eden zaten kaybetmiştir.

Her yeni gün güneşin doğuşuyla başlar ve yeni fırsatlarla doludur..

Bölüm 13

"Hayatın senin ellerinde"

Hayatta kalıcı bir mutluluk ve başarı duygusu için hayata karşı olumlu bir tutumun büyük önem taşıdığını hiç duydunuz mu? Bunu ailem bana defalarca söyledi. Özellikle yabancı diller için koleje gittiğim dönemde. Bu üç yıl içinde birden fazla kez başarısız olduğumu hissettim. Her ne kadar yazılı sınavlarda iyi bir not alacağıma dair içimde çok iyi bir his olsa da durum tam tersiydi. Azami cezayı bile aldığımda: yetersiz Bu yüzden sık sık çaresizdim ve bunu kendime açıklayamadım. Ancak, çok az öğrendiğim veya tembel olduğum için değildi. Annem ve babam bu süreçte beni tekrar tekrar teselli etmeye çalıştılar ve hayatımda ne olursa olsun hayata karşı olumlu bakış açımı asla kaybetmemem gerektiğini bana her zaman hissettirdiler. Çünkü hayatta ve kariyerde başarılı olabilmenin tek yolu bu. Ve başarı mutluluk duygularıyla eş anlamlıdır. Bu konuda yanılmamalısın. Bugün bile olumlu düşünen insanlardan biriyim.

Ama şimdi, şu anda teşhisin onayını aldığımda, olumlu bir insandan kilometrelerce uzaktayım. Ama benim durumumda olduğu gibi, önce derin bir kara deliğe düşmeniz normaldir. Sonuçta ben robot değilim, atan bir kalbim var. Göğsümde taş yok. Ama yine de göğsümde tonlarca taş varmış gibi hissediyorum.

Artık geleceğimin beklenenden veya umduğumdan farklı görüneceğinin farkındayım. Kendi hayatım kayboluyormuş gibi hissediyorum. Gelecekte hala zihinsel güçlerime tam olarak sahip olacak mıyım? Kendime daha ne kadar bakabilirim? Gelecek nasıl olucak? Yaşamaya değer bir geleceğim var mı?

Eve dönüş yolculuğunu sanki transtaymış gibi yaşadım. Arabanın durduğunu bile fark etmiyorum, biz eve geldik. Ta ki uzaktan Frank'in orada olduğumuzu söyleyen sesini duyana kadar. Arabadan çıktığımda kendimi garip hissediyorum. Sanki ayaklarımın altında hiç zemin yokmuş gibi. Bir adım atmak istiyorum ama bacaklarım beni takip etmiyor. Birden çok tuhaflaştım. Frank bunu fark ediyor ve yardımıma geliyor. Onun tarafından, desteklenerek eve doğru gidiyorum. Geldiğimde ilk önce kanepeye uzanırım. Frank ayakkabılarımı ve ceketimi, çıkarıp beni sevimli battaniyemle örtüyor. Bayılmış gibi hissediyorum, artık gözlerimi açık tutamıyorum.

Kendi geldiğimde, Frank'ı görüyorum. Tam karşımda oturuyor. Ayağa kalkıyor ve kısa bir süre sonra bir fincan kahve ile geri geliyor ve onu önümdeki masaya koyuyor. Kahveyi içerken, aramızda hiçbir söz yok. Frank beni biliyor. Artık kendim için olmak istediğimi biliyor. Bütün bunları sindirmek biraz zamanımı alıyor. Her zaman böyleydim, iyi olmadığımda salyangoz kabuğuma çekilirdim. Hala oradaydım, ama hayat beni geçti, sanki bir mola gibiydi. Tekrar hayatta aktif bir rol almanın iyi olduğunu hissedene kadar. Bugün Frank başlangıçta bununla ilgili zorluklar yaşadı. Olduğum gibi olmamım ona bağlı olduğunu düşünüyor. Ama önce alışması gerekiyordu. Beni olduğum gibi kabul ettiği için onu seviyorum. Beni olduğum gibi sevdiğini. Ve ona ihtiyacım olduğunda yanımda olduğunu. Kızımın bugün arkadaşıyla yattığına sevindim. Ona söylemem imkansız olurdu.

Saatler böyle geçiyor. Kanepede oturuyorum, içine kapanıyorum ve etrafımdaki dünya ben katılmadan dönmeye devam ediyor. Daha sonra tekrar aktif bir şekilde hayata katılana kadar saatler, bazen günler sürüyor.

Sadece disiplinimi geri kazandığımda, iradem ve kendim üzerindeki kontrolüm salyangoz kabuğumdan çıkacaktır. Bu üç özellik benim için çok büyük önem taşıyor, hayatta başarı için temeldir. Benim için öz disiplin, mutluluğun ve başarılı bir yaşamın anahtarıdır. Benim için disiplin, hayatımı kontrol altında tuttuğum ve başkalarının fikirlerine göre yaşamadığım anlamına geliyor. Bununla birlikte, sadece terapimin ve Frank'ın yardımıyla, başkalarının isteklerine veya fikirlerine göre yaşamayı öğrendim. Ancak 38 yaşımdayken, istediğim gibi yaşıyorum. İstediğimi yapıyorum. Sadece kendi fikrim yok. Hayır, onu da temsil ediyorum.

Aslında kendi hayatım olmadığı gerçeğinin farkında değildim. Böyle yetiştirildim; hep başkaları için orada olmak, başkalarının kendilerini unutmalarına yardımcı olmak. Aksini bilmiyordum ki.

Terapide, bir kişilik bozukluğu teşhis edilene kadar, onunla adım adım hayatımı yaşadım. Bu, diğer sağlık sorunlarını da içerir, örneğin:

- sık sık tekrarlayan ishal;
- Mide mukozasının iltihaplanmaları;
- Kilo kaybı, iştahsızlık ve diğerleri sorumlular.

Bunca yıl, kendinden vazgeçtikten sonra, istediğin gibi yaşamanın ne kadar güzel olduğuna inanamazdın. Sevgiyi yalnızca çalıştığımda ve onların istediklerini yaptığımda alırdım. Bugün sevgiyi ve kabulü deneyimliyorum, çünkü ben buyum.

Akşam geç saatlerde kendimi yine biraz daha iyi hissettim. Kesinlikle öyle olan bu macerayı kabul etmeye, zorluklarla ve daha ileri araştırmalarla yüzleşmeye karar verdim.

Aristoteles bir keresinde şöyle demişti:

"Yapmak elimizde olan şeyi yapmamak da bizim elimizdedir."

Bu bizim elimizde:

- Olumlu ya da olumsuz düşünmek;
- Vazgeçmek ya da vazgeçmemek;
- Savaş ya da teslim ol;
- Kendi istediğimiz veya başkalarının istediği gibi yaşamak.

Ve asla unutmamamız gereken bir şey var:

"Sadece bir hayatımız var"

Bölüm 14

"Neden sadece bir insanın dış görünüşüne bakmamalıyız?"

Zamanımız geldi. Maceramız „ belirsiz geleceğimiz " devam ediyor. Köln Üniversite Hastanesi'nde nörolojide bir randevum var. Her zamanki gibi, Frank benim yanımda. Kayıt olduktan sonra, burada uzun bir koridorda oturuyoruz. Muayene odalarının kapıları karşısındadır. Binaya girmeden önce, bakkal'da bir dergi satın aldım. Önceden telefonla iletişime geçtiğimizde, acil durumlar nedeniyle, bekleme süresinin biraz daha uzun olabileceği konusunda bilgilendirildik. Bir saat geçti. Dergiye kucağıma dokunulmadım. İçimde tamamen huzursuzum, burada önümüzden geçen profesörleri, doktorları ve tomurcuklanan doktorları izleyerek, dikkatımı dağıtmaya çalışıyorum. Bazıları bana hayal edilmiş gibi ve kibirli görünüyor. Bu esas olarak kendilerini küçük tanrılar gibi hisseden tıp öğrencileri için geçerlidir. Belki de bu belirsizlikle ilgilidir. Hemen sonuca varmak istemiyorum ama umarım iyi bir doktorum vardır.

Bazen gerçekten tren istasyonuna benziyordu ve olup biteni izlerken idari asistanlık eğitimim sırasında geçirdiğim dönemden eğlenceli bir şey hatırladım. Yabancı dil muhabiri olarak, uygulamalı bilimler üniversitesini başarıyla tamamladıktan sonra, hemen sonra Köln şehrinde eğitimimi yaptım. Bu üç yıllık eğitim farklı eğitim aşamalarından oluşuyordu. Bu yüzden bir hastanenin yönetiminde bir bölümde çalıştım. Burada beyaz bir hekim önlüğü giymem gerekiyordu. Bazen bir şeyler yapmam gerektiği için hastanedeyken, çoğu zaman beyaz önlüklü bir doktorla karıştırıldığım ve bana "Bayan Doktor" diye hitap edildiğim oluyordu. Her zaman içimden gülümsemek zorunda kaldım. Beyaz önlük bir hastanede biri varsa, hep doktor olması gerektiğini düşünürdüm. Bazılarının doktor olmak için, çok yaşlı veya çok genç görünmesine sık sık şaşırdım. Sadece eğitimim için hastanede çalışırken, klinik personelinin de beyaz önlük ile koştuğunu biliyordum.

Belki de artık muayene için beklediğimize göre, sadece doktorlar değil, aynı zamanda klinik personeli de bizi geçecektir.

Biraz dikkatımı dağıtmak için, Frank ve ben kimin doktor olabileceğini, kimin profesör veya klinik personeli olabileceğini tahmin ediyoruz. Birçoğu ilk bakışta bana çok nahoş geliyor ve gerçekten beni muayene eden kişinin sempatik bir izlenim bırakmasını umuyorum. Her ne kadar doktorun hoş olup olmadığına göre gitmemelisiniz. Bilgiye ve bana yardım edebileceğine bağlı. Sadece sempati bana yardımcı olmuyor.

Hala oturuyoruz ve bekliyoruz. Bu arada, tüm sandalyeler işgal edildi. Burase dolu oldu. Ayrıca burada daha önce geçirdiği bir felçten dolayı acı çeken tekerlekli sandalyeli birçok hasta da var. Çok belirsiz konuştukları için, kolu düzgün bir şekilde hareket edemiyorlar ve yüzün yarısı bir şekilde çarpık görünüyor. Burada oturanların yaş yapısı, çok gençten çok yaşlıya kadar değişiyor. Bu da hastalıkların herkesi gerçekten etkilediğini gösteriyor. Genç, ya da yaşlı.

Yaş, özellikle demans durumunda, artık rol oynamamaktadır. Demans, giderek daha fazla genci etkileyen bir hastalıktır. Geçmişte, demans yaşlıların bir hastalığıydı. Bugün bile, inme gibi, çoğu insan hala bu hastalığı yaşlılarla ilişkilendirmektedir. Bugün yeni doğan bebekler bile felç geçiriyor veya demansla doğuyor.

Kısaca:

- Hemen hemen tüm hastalıklarda, yaşın çok az rolü vardır veya hiç yoktur. Gerçekten herkesi etkileyebilir.

- Bir kişinin görünüşü, onun hasta olup olmadığı hakkında, hiçbir şey söylemez.

Hepimiz, meslektaşlarımızı veya diğer insanları yalnızca görünüşlerine göre yargılamaktan kendimizi kurtarmalıyız.

Neredeyse üç saat bekledikten sonra, adımı duyuyorum ve randevuya rağmen, bekleme süresinin uzun olabileceği konusunda uyarılmış olmama rağmen, sıranın bana gelmesinin gerçekten bu kadar uzun sürmesine biraz sinirlendim. Bir hemşire tedavi odalarından birine kadar bize, eşlik eder ve oturmamızı ister. Daha sonra doktorun ortaya çıkması 15 dakika daha sürüyor. Doktor bizi selamlıyor ve neden geldiğimizi soruyor. Frank tüm raporlarının yanı sıra MRI ve CT kayıtlarının bulunduğu, yanında getirdiği klasörü teslim ediyor. Doktor biraz şaşırmış görünüyor ve klasöre bakmaya başlıyor. Muhtemelen bir hastanın bir klasör bulmasını beklemiyordu. Ama son aylarda ve yıllarda çok şey birikti. Ve sonunda bu sadece doktor için bir avantajdı. Baktığı son şey, beynimin resimleri. Klasörü tekrar masaya koyar ve başka bir doktoru ve hemşireyi telefonla tedavi odasına çağriyor. Onunla birlikte üç öğrenci daha geldi. Gelen doktor bir profesör, bunu isim rozetinde görebiliyorum. Biraz şaşırdım, çünkü profesör çok genç görünüyordu. Sanırım en fazla otuz yaşlarının başında. Ama memnunum, çünkü çok güzel bir ilk izlenim bırakıyor. Bu izlenim daha sonra onunla konuşarak doğrulanır. Ne kibirlidir ne de meslekten olmayanların anlayamayacağı bir tıp dilinde konuşuyor. Daha önce doktorla aynı soruları soruyor ve ara sıra bulguların bulunduğu dosyaya bakıyor. Sonunda o da beynimin kayıtlarına takılıp kalıyor. Çok konsantre ve odaklanmış görünüyor. Diğer doktor bilgisayarda yazıyor. Her zaman oldukça gerginim, şimdi çok sakinim. Profesör beni o kadar sakinleşiyor ki, artık endişelenmiyorum. Bizim için gerçekten çok zaman alıyor. Bekleme alanı dışarıda dolu olsa da. Çoğu zaman, hastanelerde bir numara gibi hissediyorsunuz. Burada durum böyle değil. Onun için kayıtlarda neler görülebileceğini ayrıntılı olarak açıklıyor. Ve ne yazık ki idamının sonunda beklenen sonuç ortaya çıkar: Parkinson hastalığıdır; ama erken aşamada. Beyinde görülebilen lekeler hala çok küçüktür. Hala beni muayene etmek istiyor. Bunu, gözleriniz kapalıyken işaret parmağınızla burnunuzun ucuna hafifçe vurmak gibi genel nörolojik muayeneler takip eder. Ya da kollarınızı öne doğru kaldırın ve tutun. Kollarım ne kadar uzun olursa, o kadar titremeye başlarlar. Daha tipik nörolojik muayenelerden sonra tekrar oturabilirim. Yorgunum, başım yoruldu ve sol elim titremeden önce dinlenmeye gelmiyor. Profesör, güvenilir bir teşhis koymak için daha fazla inceleme yapılması gerektiğini söylüyor. Bunun oldukça kapsamlı bir araştırma olacağını söylüyor. Büyüyen unutkanlığımın nedenini bulmak da önemlidir. Yaklaşan sınavların bazıları çok pahalı olduğu için, bunun masrafları sadece hastaneye yatırılırsam, sağlık sigortası şirketi tarafından karşılanacaktır. Ayrıca, bazı incelemeler sadece daha sonraki gözlemlerle yapılabilir. Tabii ki yatarak kalmaya hazır değilim. Ama bir gün sonra, bir yatak boşalacağı için, tekrar eve gidebilirim. Oh..... rahatladım! Zihinsel olarak, buna hazırlanmak için, hala biraz zamanım var. Bana ne yapacaklarını, acıyla bir ilgisi olup olmadığını bilmediğim bu yaklaşan sınavlardan şimdi yine biraz korkuyorum. Ayrıca, ben de acil bir durum değilim. Apandisit durumunda, örneğin, genellikle ne olduğunu bilirsiniz. Sabit kabul edileceksiniz, büyük olasılıkla gerçekleşecek bir operasyon; birkaç gün daha kontrolde kalmalısın ve işin bitti. Benim durumumda tamamen karanlıktayım. Ama alternatifi yok. Günün sonunda ben / biz beğenmeyebileceğimiz sonuçlar olsa bile. Neler olduğunu ve elimde ne olduğunu bilmem gerekiyor. Günün sonunda benim/bizim hoşumuza gitmeyen sonuçlar çıksa bile. Ve umarım, daha sonra bir şekilde tedavi edilebilirim. Parkinsonun tedavi edilemeyeceğini biliyorum, ancak uygun ilaçla durdurulabilir veya yavaşlatılabilir. Hala çok gencim. Hala çok fazla hedefim ve hayalim var, ailemle hiçbir şekilde kısıtlanmadan mutlu günler yaşamak istiyorum. Yani, zihinsel olarak bir şeye hazırlıklı olmak. Bu yüzden oraya gelebilecek her şey için hazırım.

Orada bulunanlarla vedalaşıyoruz ve iki gün sonra resepsiyonda kabul için randevu alıyoruz.

Kendimi iyi hissetmiyorum. Son birkaç saat çok yorucuydu. Fikrimizi değiştirmek için, kızımızı evden almaya ve en sevdiğimiz restorana bir şeyler yemek için, dışarı çıkmaya karar veriyoruz. Söylendi ve yapıldı. Yemek yerken, kocamı ve kızımı izliyorum. Önceki hayatım bir anda kafamda hızla canlanıyor ve beni şu karara getiriyor:

1) Kızımı doğurmak, hayatımda yaptığım en iyi şeydir.

2) Frank'ı her zaman ve sonsuza kadar yanımda bulundurmak.

İkisi hayatımdaki en önemli kişidir. Onları kendimden daha çok seviyorum. Sadece o yüzden, sağlığımı mümkün olduğunca, korumak için, elimden gelen her şeyi yapacağım. Bana hayattaki gücü ve anlamı veriyorlar. Yani: Savaşa başla!

Genellikle, hayatımızda bize güzel anlar, deneyimler ve duygular veren, küçük şeylerdir. Parlak bir gülümseme veya iyi bir film olabilir; arkadaşlarınızla veya ailenizle harika zaman geçirin. Bunların hepsi bizi bir an için, mutlu eden şeyler veya anlardır. Bir bütün haline gelen ve mutluluğun resmini veren küçük mozaik parçalarıdır. Ama aynı zamanda kendimize belirlediğimiz görevler ve hedeflerdir; içimizdeki ve yaşamaya değer olduğu duyguları harekete geçirir. Kızımı ve hazinemi deneyimlemek ve ona sevgi vermek. Hayatımızın iş yerinde nasıl devam ettiğini deneyimleyin. Barış için savaşmak, tüm bunlar büyük olabilecek küçük şeylerdir ve bize mutluluk hissi verir. İçimizdeki mutluluk duygularını kim canlandırıyor?

Bazen kasvetli olan günlük hayatta bile her zaman güzel anlar, bazen de küçük mucizeler vardır. Sadece inanmanız, hissetmeniz ve algılamanız gerekiyor. Hayatım her şeyden önce, kendi ellerimde.

Bölüm 15

"Hastanede"

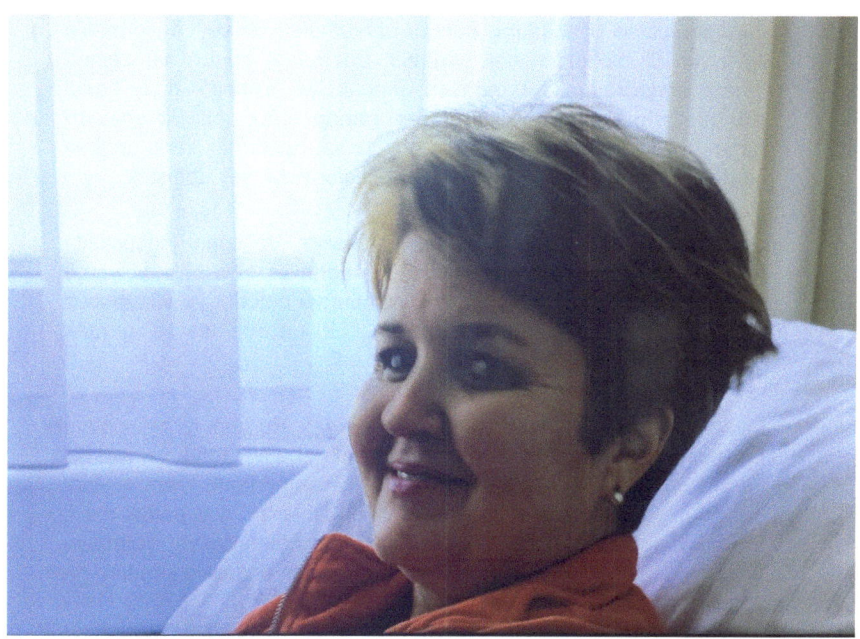

Zamanım geldi. Hastanede geçireceğim "Her Şey Dahil" konaklama başlıyor. Hazırladığım çantaya göre en az iki hafta orada kalacağım. İlk etapta sadece beş gün planlanmış olsa da. Ama işte ben böyleyim. Tam anlamıyla bir süslü püslü kadınım. Ne zaman olursa, nerede olursa. Daha önceki hastane konaklamalarımda, yaklaşan bir ameliyattan önce kirpiklerimi rimelle boyadığım oldu. Ve sonra ameliyat masasında yattığımda, anestezi uzmanı beni görünce, ameliyatın makyajsız yapılması gerektiğini belirtti. Ben de ona, eğer ameliyat sırasında ölürsem, en azından güzel görünmek istediğimi söyledim. Ayrıca sadece kirpiklerimi boyadığımı ve diğer her şeyden vazgeçtiğimi belirttim.

İlk olarak, bir ameliyattan sonra yapılması gereken şey, mümkün olan en kısa sürede ameliyat gömleğini çıkarmak ve sonra biraz düzgün görünmek için hazırlanmaktı, böylece çok hasta görünmem.

Her insanın tuhaflıkları vardır. Bu benim birçok tuhaflıklarından biri. Ben hep böyleydim. Hiç kimse doğrudan anlayamamalı, sağlık durumumun iyi olmadığını. Bunun muhtemelen bir şeyi bastırmakla ilgisi var. O bakımdan çok iyiyimdir. Bu arada, bunun her zaman doğru olmadığının farkındayım, ancak iyi bilindiği gibi, kendi davranışlarınızdaki değişiklikler her zaman biraz zor. Bir şey sizi rahatsız ediyorsa veya bir sorununuz varsa, bastırmak karşı üretken bir davranıştır, çünkü sadece kısa süreli olarak bir şey değiştirir.

Uzun vadeli, bu bir gün sizi yakalayacaktır. Ve sonra çoğunlukla daha kötüsü, bastırmak sadece içimde derin bir şeyi belli bir yerde sakladığım anlamına gelir. Bir noktada burası doludur ve vücudunuz tepki verir. Ama şimdi psikolojiyi çok derinlemesine girmek istemiyorum.

Makyaj benim için maske takmak gibi bir şey. Bu beni iyi tanımayan insanlar için oldukça işe yarıyor. Ama beni daha iyi tanıyanlar için işe yaramıyor. Maskeli olduğu rağmen, iyi olmadığım zaman fark ediyorlar. Gözlerimden hemen anlaşılıyor. Onlar aslında parlak mavi. Eğer iyi değilsem, solgun ve cansız oluyorlar. Makyaj yapmaya devam edeceğim elbette. Çünkü sonunda bunu öncelikle kendim için yapıyorum. Bana sadece iyi bir his veriyor.

Nöroloji binasına girdiğimizde, önce kayıtlara geçiyoruz. Orada istasyon için bazı belgeler alıyorum ve ayrıca hangi istasyon gitmem gerektiğini de öğreniyorum. Bir hemşire bizi kayıtta alır ve ilgili istasyona eşlik eder. O ne kadar zarif. Oraya giderken adımlarım yavaşlıyor, kalp atışlarımı kafamda hissediyorum. Her hastanede var olan tipik koku burnumu kaplıyor. Geçmişte birçok kez yaptığım gibi, ne zaman bir hastanenin koğuşuna girsem, o tipik hastane kokusuyla anılar gün yüzüne çıkıyor. Bu kokuyu görmezden gelmek her zaman çok çaba gerekiyor. Hastanede birini ziyaret etsem bile, bu benim için her seferinde gerçekten bir sınavdır. Ayrıca birçok hastanede kalmanın beni tamamen travmatize ettiğini de söyleyebilirsiniz. Frank zaman zaman koku yüzünden, biraz abarttığımı düşünüyor. Yapacak bir şey yok. Elbette herkes farklı kokular algılar ve buna göre diğer şeyleri onlarla bağlar ya da bağlamaz. Bir başka örnek ise "Tresor" parfümüdür. Hamileyken, bu koku çok modaydı. Birçok kadın bu parfümü kullandı. Bu kokuya sahip bir kadınla tanıştığımda, gerçekten kötü oldum ve kusmak zorunda kaldım. Genel olarak, gebeliğim sırasında hem tat hem de koku duyularım çok hassastı. Hamile kalana kadar yemekten zevk aldığım kuzu pirzola, aniden sadece yoğun kokuları nedeniyle beni tiksindirdi. Bugüne kadar, 20 yıldan fazla bir süre sonra, hala durum böyledir. Sadece kuzu kokusunu algılarsam, içimde belli bir mide bulantısına neden oluyor. Bugüne kadar kuzu yiyemiyorum. Bir noktada, bir nöroloğa onun nedeni sordum. O zaman bana doğruladı, benim bunu hayal etmediğimi veya abartmadığımı. Beynimizde günlük yaşadıklarımızı depolayan ve çeşitli şeylerden sorumlu olan birçok küçük alan bulunmaktadır. Kokular da belli bir alanda depolanır. Bunun şöyle olduğunu düşünmek gerekiyor:

Bilgisayara bir şey yazarsam ve sonra belirli bir dosyada sabitlersem, sonradan istediğim zaman buna erişebilirim. Beynimiz de böyle çalışıyor. Bu özel kuzu kokusunu algılar algılamaz, beynimde bu kokuyu depolayan alan aktif hale gelir. Demeki, beynimin bu kısmı hala mükemmel çalışıyor.

Koğuşa vardığımızda doğrudan önümüzdeki beş gün boyunca evim olacak odaya gidiyoruz. Bu bir çift kişilik oda ve bir yatak zaten dolu. İlk bakış, aynı yaşta olmamız gerektiğini söylüyor. Çok arkadaş canlısı ve kendini doğrudan bana tanıtıyor. Benim gibi onun da hasta olduğunu göremiyorsunuz. Ama daha sonra onun da beş yıldır Parkinson hastası olduğunu öğrendim. 38 yaşında teşhis edildi. Semptomlar artık o kadar şiddetli hale geldi ki, o yüzden artık çalışamıyor. Onunla konuşurken, sık sık mırıldandığını fark ettim ve bu da kelimeleri net bir şekilde telaffuz etmediği anlamına geliyor. Birkaç kez onu doğru anlamak için sormam gerekiyordu. Onda benimki gibi, bir seğirme tespit edemiyorum. Komik, sanırım kendi kendime. Parkinson hastası, ama seğirmesi yok. Onunla bunun hakkında konuştum ve geçen yıl beyin pili takıldığını öğrendim. Bunun yılda bir kez kontrol edilmesi gerekiyor, bu yüzden şimdi burada. Beyin pilini kendi kendine açıp kapatabiliyor. Kapatınca bir süre sonra titreme ve mırıldanma başlıyor. Şimdiye kadar sadece bir kalp pilinden duydum. Beyin için kalp pillerinin de olması benim için yeni. Ve doğal olarak sağlık sorunlarını çok merak ettiğim için, yatak komşuma soruyorum. Ama belki de bunun babamın üç kalp krizinden ilkini 38 yaşında geçirmesiyle de ilgisi var. Annemin doğuştan kalp kusuru vardı (Pulmoner darlık).

10 yaşındayken, henüz çocuktum, ailemin kontrol randevularında hep yanındaydım. Bu aynı zamanda son doktor konsültasyonları için

de geçerlidir. Bu yüzden, buna çok erken yaşlarda belli bir ilgi duymaya başladım. Daha sonra, sağlığıma gelince, her şeyi sorguladım ve doktorları sorularımla sinirlendirdim. Çoğu zaman, gerçekten onları anlayana kadar. Sonuçta bu benim sağlığımdan başka bir şey değil. Ve üzerimde gerçekleşen 12 OP aracılığıyla, şimdi biraz tıbbi bilgiye sahibim. Bazı doktorlar, karşılarında tıbbi terimlerin yabancı dil olmadığı ama ne hakkında konuştuğunu tam olarak bilen bir hasta olduğunda bunu kaldıramazlar. Diğer doktorlar ise, tıp eğitimi alıp almadığımı soruyorlar ve bu bilgiyi sadece merakımla edindiğimi duyduklarında şaşırıyorlar. Bunun harika olduğunu düşünüyorlar.

Benim de genetik bir bozukluktan kaynaklanan ailevi Akdeniz ateşi hastası olduğumu başta belirtmiştim. Oto-inflamatuar bir hastalıktır ve tüm karın bölgesinde, göğüs ve akciğer bölgesinde, ayrıca eklemlerde ve kaslarda ağrı ile tekrarlayan ateş atakları ile karakterizedir. Şimdiye kadar, bu hastalık tedavi edilemez. Özellikle aile Akdeniz ateşi (FMF), Akdeniz'den gelen insanlarda görülür. Özellikle Türkiye, Irak, Ermenistan, İtalya, Kuzey Afrika ve Yahudi ülkelerinden insanlar etkileniyor. FMF Almanya'da pek bilinmiyor. Bu hastalık hakkında, bilgi sahibi olan, sadece bir avuç doktorlar var.

Ne yazık ki, buna aşina olmayanlardan bazıları bunu inkar ediyorlar. Sadece bunu kabul etmek istemiyorlar, çünkü bu muhtemelen egolarını incitiyor. Bunu hala gözlerinde görebiliyorum. En geç hastalıkla ilgili teknik terimlerden bahsettiğimde. O zaman sorgulama yüzlerinde gerçekten bilmediklerini görebilirsiniz. Ne olduğunu bilmeyenlere sık sık anlatmaya çalıştım. Bazıları dinliyor ve bunu duyunca mutlu oluyorlar. Bazıları ise küstahça sözümü kesip bu hastalığı çok iyi bildiklerini anlatmaya çalışıyorlar. Muhtemelen birisinin kendilerinden daha fazlasını bilmesine dayanamıyorlar. Ne yazık ki, onlarla çelişmenizden veya hoş olmayan sorular sormanızdan hoşlanmayan birçok doktor var. Her şeye evet ve amin demeniz ve egolarını kaşımaya çalışmamanız en çok hoşlarına gider. Beyaz önlükleriyle kendilerini tanrı sanıyorlar. Bunu hiçbir şekilde kabul edemem. Onlar da hepimiz gibi insanlardır. Hepimizin yaptığı gibi, onlar tuvalete gidiyorlar. Dolayısıyla hepimiz için olduğu gibi kokuyor. Tabii ki okudular. Elbette bundan ve yaşadıkları deneyimlerden dolayı daha fazla bilgiye sahipler. Çünkü herkes kendi vücudunu en iyi tanır. Geçmiş bana, örneğin vücudumun, yardımcı olsun ya da olmasın, belirli ilaçlara veya tedavilere nasıl tepki verdiğini öğretti. Ve sonuçta, sağlık sorunlarımın veya kısıtlamalarımın geçmişe göre kötüleştiğini, düzeldiğini veya aynı kalıp kalmadığını, en iyi şekilde yalnızca ben ve en yakın aile üyelerim yargılayabilir. İşte tam da bu noktada bazı doktorlar inatçı oluyor. Benim tarafımdan veya en yakın akrabalarımın görüşü veya deneyimleriyle ilgilenmiyorlar, ya da buna razı olmuyorlar. Bununla birlikte, bazı doktorlar benim birçok hastalığım ve ilaca karşı intoleransımdan dolayı bunalmış durumdalar. Daha sonra benimle uğraşırken onların gerçek güvensizliklerini fark ediyorum. Elbette bunu hayatlarında asla kabul etmezler. Ben de üniversite kliniğinde kaldığım süre boyunca benzer deneyimler yaşadım. Aslına bakılırsa, bu sadece belirli bir profesör. Ama buna daha sonra geri döneceğim. Daha önce beyin pili diye bir şey duymadığım için, yatak arkadaşımdan bunu bana açıklamasını istiyorum ve o da bunu çok detaylı bir şekilde anlatıyor.

Genel olarak, kalp pili, elektriksel darbeleri serbest bırakarak bir organın ritmini veya işlevini destekleyen veya koruyan vücuda implant edilmiş küçük bir cihazdır. Tıpkı beynindeki yatak komşumda gibi. Ne yazık ki, Parkinson tedavi edilemez. Bununla birlikte, etkilenenlere mümkün olan en iyi şekilde yardımcı olmak için, farklı terapötik yaklaşımlar vardır. Bunlardan biri beyin kalp pilidir. Kalp piline benzer şekilde, bu beyindeki tam olarak belirli bir alana elektrik darbeleri yayar. Söz konusu alanı uyararak, vücut hareketliliğinden (motor beceriler) sorumlu olan ve düzgün çalışmayan beynin "devreleri" tekrar işleve geçiyor. Bu tamamen gerçekleşmez, ancak kesinlikle bir gelişme sağlar. Ne yazık ki, diğer tüm yaklaşımları başarılı olmadıysa, beyin kalp pili son seçenecektir.

Konuşurken, kendimle bir çok paralellik görüyorum. Ayrıca daha önce bu kadar net göremediğim ve dolayısıyla doktorlara bahsetmediğim sınırlamaların da ancak şimdi farkına varıyorum. Ama bir dahadaki sefere onunla konuştuğumda, bundan bahsedebilirim. Sonuçta uygun tedaviyi belirlemek için, herhangi bir ipucu önemli olabilir.

Tıpkı yatak arkadaşımda olduğu gibi, bir süre konuştuktan sonra konuşmakta giderek zorlanıyorum. Aniden sözcükleri bilemiyorum ve telaffuzum belirsizleşiyor. Kendimi her zaman çok yorgun hissediyorum. Konuşmamızda , Tanrı'ya şükür, henüz benim fark etmediğim belirtilerini fark ediyorum. Bunun bana sadece Parkinson hastalığının erken evrelerinde teşhis konulduğu gerçeğiyle ilgisi varmı?

Tabii ki, ilk aşamada bir hastalığı tespit etmek her zaman daha iyidir, çünkü o zaman terapötik bir başarı olaslığı daha yüksektir. Bu beni biraz sakinleştiriyor. Onunla ne kadar çok konuşur ve zaman geçirirsem, içimdeki korku yavaş yavaş tekrar yükseliyor. Sonunda, hastalık ilerledikçe size ne yaptığının bir resmini elde ediyorum. Kalp piliniz açık değilse, telaffuzları belirsiz dir; onları hemen anlamak zordur. Onun yürüyüşü bir sopa gibi sert görünüyor. Bazı hareketleri bir robot gibi görünüyor; seğirmesi kontrolsüz. Ama sonra, beyin kalp pilini tekrar açtığında, tüm bu kısıtlamalar neredeyse yok oluyor. Neredeyse hiç var olmamış gibi görünüyor. Tabii ki, hastanın buna karşı tutumunun da bununla bir ilgisi var. O da , tıpkı benim gibi, her şey hakkında çok olumlu, kötü hastalığına rağmen hala çok fazla yaşam sevinci yayıyor. Sınavlar dışında, ziyaretçi gelmeyince çok konuşuyoruz. Birlikte çok gülüyoruz ve ben de ona sık sık gülüyorum.

Bir örnek: Bir profesör günde en az bir kez ona geldiğinde, belirli sorular soruyor. Bu, kalp pilinizin doğru yoğunlukta ayarlanıp ayarlanmadığını belirlemek için yapılır. Genellikle, konuşmanın ardından cihazı yeniden ayarlanacak. Bazen yukarı, bazen aşağı. Her halükarda, o doktor sorgulamasının başında çok yavaş ve yüksek sesle konuşuyor. Yatak arkadaşımın yüzünün rengi giderek daha tehditkar bir şekilde kırmızılaşıyor. Görünüşü daha ciddi hale geliyor ve eğer bakışlar öldürebilseydi, doktor uzun zaman önce ölmüş olurdu. Olaylar onun için fazla renklenmeye başlayınca şunları söylüyor:

"Profesör Haut, size kaç kez ne işitme güçlüğü ne de aptal olduğumu söylemem gerekiyor? Lütfen benimle herkesle konuştuğunuz gibi konuşun."

Bütün bunları her zaman çok canlı bir ses tonuyla söylüyor. Ancak bunun bir etkisi var gibi görünüyor, çünkü ses tonu daha alçak hale geliyor ve normal hızda konuşuyor. Bence bir şeyden hoşlanmıyorsa veya bir şeye katılmıyorsa hiçbir şeye katlanmaması veya doğrudan konuşması harikadır. Aynı düşünme sahip olduğumuzu ve birbirimizi iyi anladığımızı söyleyebiliriz. O ilk tanıştığım Parkinson hastası kişidir; ve bu aynı zamanda ilerlemiş aşamada. Parkinson'un ileri aşamasında olmanın, nasıl bir şey olduğunu yakından ve bununla diğer semptomları da öğrenebiliyorum. Açık ve dürüst bir şekilde ele alıyor ve diğer insanlarla ilişki kurarken de. Bu beni etkiliyor. Ama aynı zamanda bana bunun bir gecede gerçekleşmediğini, biraz daha uzun bir öğrenme süreci olduğunu da gerektiğini söyledi. Her ne kadar başkalarına açık ve dürüst bir şekilde yaklaşan insanlar kategorisine daha fazla ait olsam da, Parkinson tarafından sınırlamalarımla artık benim için çok daha zor. Ben sık sık bunu gizlemeye çalıştığımı fark ediyorum. Çünkü kimse Parkinson hastası olduğumu fark etmemeli. Bu kötü hastalığa yakalandığım için utanıyorum. Saçma, ama işte bir mükemmeliyetçi olarak, aniden belirli kısıtlamalarla yaşamak zorunda kaldığınızda, bununla başa çıkmak kolay değil. Bunu anlamak ve kabul etmek kesinlikle zaman alır.

Ancak her şeyden önce %100 Parkinson olup olmadığı ve ne tür bir Parkinson hastası olduğumu belirlenmesi gerekiyor. Burada da farklılıklar vardır. Kendimi tekrar tekrar kendime doktorların teşhisim konusunda yanıldığını ve sınırlamaların veya semptomların sadece stresle ilişkili olduğunu söylerken buluyorum. Semptomlar sadece stresle ilgilidir. O zaman yaşam tarzımı değiştiririm ve her şey yoluna girer. Sonuçta, doktorlarda sadece insanlardır ve onlarda yanılabilirler. Doktorların yanlış teşhis koyduğunu kaç kez okumuştum veya duymuştum. Sonuçta bu benim için de geçerliydi ve bunu ilk elden deneyimlemem gerekiyordu. FMF (Ailevi Akdeniz Ateşi) teşhisi konulmadan önce, doktorlar benim Crohn hastalığına (Kronik bağırsak iltihabı) sahip olduğumu varsaymışlardı ve sonunda bunu bir teşhis olarak koymuşlardı. Buna göre, bir yıl boyunca kortizon ile tedavi edildim. İshal tamamen ortadan kalktı, ateş ve ağrı alevlenmeleri ama kaldı. Eski aile doktorum bunu çok garip buldu ve beni daha fazla araştırma için hastaneye yönlendirdi. Ancak çok sayıda ileri incelemeden sonra bende sağlık sorunlarımdan sorumlu olan genetik bir kusur keşfedildi.

Bu genetik bozukluk, hem ateş ve ağrı nöbetlerinden, hem de vücudumdaki iltihaplardan sorumluydu. Sonuç olarak kortizon tedavisi kesildi ve bana ömür boyu kullanmak zorunda kalacağım başka bir ilaç verildi. Bir ay sonra kendimi çok daha iyi hissettim. Örneğin, tedavi eden nöroloğum Lyme hastalığı teşhisini koymuştu. Akut bir durum değil ama bir noktada meydana gelen ve o dönemde fark edilmediği için tedavi edilmeyen bir durum. Ancak bu, bir hastanede yapılan lomber ponksiyon sırasında yalanlandı. Yani Nörolog yanıldı.

Yani şimdi doktorların yanıldığını düşünmek de çok da mantıksız değil; yani Parkinson'um yok. Belki bu durumla açıkça başa çıkamamamın ya da uğraşmak istememin nedeni de budur.

Yüksek beklentilerim var kendime karşı, yani kendimi ve her şeyi kontrol altında tutmak istiyorum. Bir de kendime yüklediğim yüksek talepler var ve her zaman her şeyi mükemmelliğe yapmaya eğilimliyim. Arkadaşlarım ve meslektaşlarım benim iflah olmaz bir mükemmeliyetçi olduğumu düşünüyorlar.

Eğer doktorlar Parkinson teşhisi konusunda yanılıyorlarsa, bu sağlık kısıtlamalarından kurtulmak için, elimden geleni herşey yapacağım. Hayatımı, bedenimi tekrar kontrol altına almak istiyorum. Doktorların gerçekten yanıldığını umuyorum. Aslında buna gerçekten inanmıyorum.

Bölüm 16

"Umut, İnanç ve Cesaret"

Umut değişim arzusudur. İnanç, bir şeyin değişebileceğine ve uygun cesaretle değişebileceğine duyulan güvendir.

Hayatımda önemli bir rol oynayan tam da bu üç niteliktir. Benim için umut, inanç ve cesaret su ve ekmek kadar önemlidir.

Herkesin hayatı biraz kendi elinde. İşte bununla ne demek istediğimi gösteren küçük bir örnek:

Bir resim çizmek istiyorsun. Parlak, renkli ama aynı zamanda kasvetli koyu renklerde boyayabilirsiniz.

Benim durumumda resim "hayat"tır. Parlak renklerim umut, inanç ve cesarettir. Bu üç özellikler bana hayatımda güç veriyor. Tabii ki yatağımda örtülerin altında sürünmek istediğim günler de var. Bu da insandır, çünkü aksi takdirde duyguları ve duyuları olmayan bir robot olurdum. Hastalıklar hayatınızı yönetmemelidir. Hayatta her şeyi başarırsam ve her zaman kazanırsam, çoğunlukla hayatın güneşli tarafında kalırsam, kendime inanmam ve disiplinli olmam daha kolay olur. Ama aynı zamanda hayatın her zaman iyi tarafında değilseniz kendinize de inanmalısınız.

Asla umudunu kaybetme, çünkü zor zamanlardan sonra tekrar iyi ve güzel zamanlar gelir. Buna inanmak cesaret ister. Bu, tüm eylemlerin başlangıcıdır.

Çünkü: "Bizi öldürmeyen şey sadece daha da zorlaştırır."

Bölüm 17

"Cehalet çoğu zaman gerçeklerden daha kötüdür"

Saate baktığımda, saat 16 ya az kalmıştı ve henüz hiçbir şeyl olmamıştı. Ne bir doktor gördüm, ne de bir şey yapıldı. Biraz sabırsızlanıyorum ve bugün neden gelmek zorunda olduğumu merak ediyorum. Düşünceler biter bitmez kapı çalınır. İki doktor içeri giriyor ve onların arkasında en az 6 çok genç beyefendiler ve onların arkasında da 2 hemşireler var. İki doktor profesördür. Artık yatağımın önünde durdukları için, bunu isim etiketlerinden okuyabiliyorum. Geçen hafta giriş sınavımda ikisinden küçük olanı da vardı. Onun adı Bay Zimmermann. Diğeri Haut adını taşıyor ve şu anda Prof. Zimmermann tarafından benim hakkımda bilgilendiriliyor. Sonra bana ilk görüşmemdeki gibi, aynı soruları soruyor ve sınavları tekrarlıyor. Sınavlar sırasında kendi kendine bir şeyler mırıldanıyor, benim anlayamadığım ama muhtemelen bana da yönelik olmayan bir şey. Daha sonra Prof. Zimmermann onunla konuşuyor. Konuşulanlar bile muhtemelen yalnızca her iki kulağa yöneliktir. Kapı çalıyor ve iki doktor daha giriyor. Doğrudan bana geliyorlar, benimle el sıkışıyorlar ve kendilerini bana tanıtıyorlar. Biri koğuş doktoru, diğeri nöroloji müdürü.

Sonra geri adım atarlar ve genç doktorlarla arka sıraya katılırlar. Prof. Haut dışında orada bulunan herkes çok dostane bir izlenim bırakıyor. Sadece Profesör Haut kibirli ve kendini beğenmiş izlenimi veriyor. Benimle konuşurken yüzüme bile bakmıyor, bundan sonra ne yapılacağına veya hangi testlerin yapılması gerektiğine dair, sorular sormamdan hoşlanmıyor. Ama orada bulunan kişilere karşı da bu şekilde davranıyor. Onlarla sanki küçük cahil çocuklarmış gibi konuşuyor. Kimse onun yorumlarına cevap vermiyor. Sadece başlarını salladılar. Muhtemelen kendi paylarına düşeni düşünüyorlar ve konuşmasına izin veriyorlar.

Beyaz önlüklü doktorların kendilerini tanrı gibi hissettiğini söyleyen eski klişeleri kullanıyor. Ve kendini %100 bir tanrı gibi hissediyor. Doktorlarla tanışabildiğim son yıllarda, beyazlar içindeki birçok tanrıyı deneyimledim. Hiç sevmediğim bir şey. Ne yazık ki, geçmişte, hastanelerde kaldığım süre boyunca, birçok hastanın evet ve her şeye doğru olduğunu dediğini gördüm. Doktorların çoğu neredeyse sadece tıp dillerinde iletişim kurabiliyorlar. Aynı durum hastalar için de geçerlidir. Daha sonra doktor tarafından bilgilendirilirken, yüzlerine baktığınızda, soru işaretlerini tam olarak görebilirsiniz. Ancak hiç kimse ya da çok az kişi doktora sormaya ya da her şeyin hastanın anlayabileceği bir dilde tekrar anlatılmasına cesaret edemiyorlar. Her şeyi anlıyormuş gibi davranıyorlar. Ve doktor odadan çıktığında, bana tüm bunları anlayıp anlamadığımı soruyorlar.

Kiminle veya neyle konuştuğum, onun hangi rütbeye veya mesleki niteliklere sahip olduğu her zaman umurumda değildi. Şansölye mi yoksa temizlikçi mi olduğu benim için gerçekten önemli değil, çünkü herkes tarafından insan gibi muamele görmek istiyorum ve herkese de öyle davranıyorum. Hiçbir ayrım yapmıyorum. Ben böyle yetiştirildim. Çünkü kendim yaşamazsam bir şey talep edemem. Yani karşımdakine saygı ve nezaketle davranmak bana zarar vermez.

Saygı ve nezaket... Ne yazık ki, günümüzde giderek daha az uygulanan iki özellikler.

Yaklaşık 15 dakika sonra Prof. Zimmermann dışında herkes odadan çıkıyor. Beyazlar içindeki kibirli tanrı özentisi Prof. Haut'un gittiğine sevindim. Prof. Zimmermann bir sandalye alıp yatakta yanıma oturuyor. Bana nasıl olduğumu ve hala bir sorum olup olmadığını soruyor. Elimde değil ve ona meslektaşlarından biri hakkında ne düşündüğümü söylediğimde, kelimenin tam anlamıyla içimden geliyor. Prof. Haut pek sevmediğimi ve onun çok kibirli olduğunu söyledim. Konuşmalarım sırasında Profesör Zimmermann'ın yüzünde bir gülümseme görüyorum. Bütün bu süre boyunca odada olan Frank'in de gülümsemesi gerekiyor. Beni tanıyor ve çok heyecanlı olduğumu biliyor. Ancak birisinin, sanki her şeyin ve herkesin üstündeymiş gibi davranmasına kendisi de dayanamaz. Orada oldukça benzeriz. Ama Frank'in doyuma ulaşması çok daha uzun sürüyor. Profesör Zimmermann benim için hangi muayenelerin planlandığını bize açıklıyor ve herhangi bir sorumuz olup olmadığını kendisi veya servis doktoruyla iletişime geçmemizi istiyor. Her muayeneyi çok sakin ve anlaşılır bir dille, detaylı bir şekilde anlatıyor. Onunla emin ellerde olduğumu hissediyorum ve özür dilediğim sorular sormaya devam ediyorum. Benden bahane üretmeyi bırakmamı istiyor. Sonuçta bu benim sağlığımdan başka bir şey değil. Soru sormam gerçekten hoşuna gidiyor çünkü hasta ve doktor arasında sağlıklı bir alışveriş yaratmanın tek yolu bu. Prof. Zimmermann ayağa kalkıyor, sandalyeyi bırakıyor ve gidiyor. Veda etmesine gerek yok, çünkü yakında bana bel ponksiyonu yapmak için geri dönecek. Normalde bunu servis doktoru yapar. Ama ben bu muayeneden çok korktuğum için ve kendisi de açıklamalar sırasında gözlerimde yaş olduğunu fark ettiğinden, muayeneyi kendisi yapıyor. Ancak bu muayenenin tamamen rutin bir işlem olduğu için, korkmama gerek olmadığı konusunda bize güvence verdi ve hiçbir zaman herhangi bir komplikasyon yaşanmadı. Tabii ki, yalnızca muayeneden sonra, en az 4 saat boyunca sıkı yatak istirahatine uymanız durumunda. Ve bu benim için o kadar da zor olmasın diye, muayene akşam yapılıyor, zaten neredeyse yatma vakti geliyor. Tuvalete gitmeme bile izin verilmiyor. Ama önce odaya asistan doktor geliyor ve kanımı alıyor. Demekki o zaman bekleme zamanı. Bunu daha önceki hastane kalışlarımdan zaten biliyorum. Ama yine de beklemek zorunda olmak, her zaman can sıkıcıdır. Tanrıya şükür Frank benimle vakit geçiriyor. Şimdi saat 17.00 oldu. İçimdeki gerilim her geçen dakika artıyor. Prof. Zimmermann kesin bir zaman vermedi, ama umarım çok uzun sürmez. Çünkü ne kadar çok beklersem o kadar korkar ve bir şeye bulaşırım. Ben hep böyleydim. Bir şeyin hemen yapılmasını her zaman tercih ederim. Çünkü o zaman bunu düşünecek zamanım olmuyor. Halk arasında beyin omurilik sıvısı muayenesi olarak da bilinen lomber ponksiyon işleminin kısa açıklaması şöyledir:

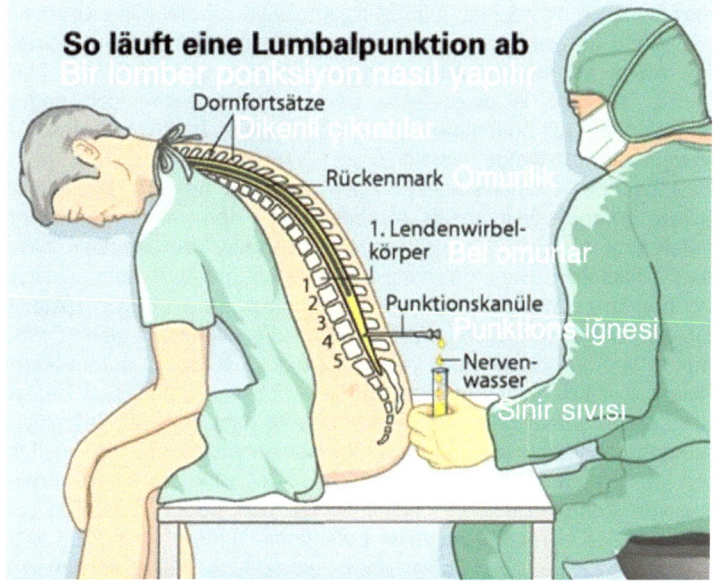

Lomber ponksiyon, merkezi sinir sisteminin patolojik değişiklikleri hakkında birçok önemli bilgi sağlayabilir; yaklaşık olarak akut iltihabi beyin hastalıkları şüphesi durumunda, örneğin menenjit (beyin zarlarının iltihabı), multipl skleroz gibi kronik iltihabi hastalıklarda, Alzheimer gibi diğer beyin hastalıklarında veya beyin kanamalarını dışlamak için gereklidir.

Saat 18'den sonra, kapı açılır ve Prof. Zimmermann bir hemşire ile birlikte odaya giriyor. Hemşire önünde küçük bir arabayı itiyor, üzerinde muhtemelen muayene aletleri bulunuyor. Hem profesör ve hem de hemşire rahatlamış görünüyor. Böylece başlıyor. Anlıyorum ki, ellerimin nemlendiğini hissediyorum. Kalbim daha hızlı atıyor, korku ortaya çıkıyor. Ve profesörün fark ettiği gibi, hemen endişemi alır ve beni hemen başlayan muayeneye dahil ederek doğrudan rahatlatır. O bana incelemeler sırasında, her adımda beni bilgilendirmeyi teklif ediyor, yani yaptığı her şeyi anlatıyor. Kısaca düşünüyorum ve onun teklifini kabul etmeye karar veriyorum. Sonuçta, inceleme göremediğim bir vücut bölgesinde gerçekleşiyor. Ve doğal olarak meraklı biri olduğum için, tabii ki ne olduğunu bilmek istiyorum. Hemşire benim sırtımı temizliyor, yatağım kenarında oturmamı ve bir kedi kamburlaştırmamı istiyor. Frank elime uzanıyor ve sıkıca tutuyor. Bana güç veriyor. Profesör Zimmermann hemen oturmamı ve kıpırdamamamı istiyor. İğnenin yerleştirileceği alan geniş bir şekilde dezenfekte ediyor. Dezenfektan çok soğuk olduğundan, üst bedenime hafif bir ürperti geldi. Başlıyor, profesörün parmaklarını belimde hissediyorum. Sonra duraklıyor. Tam yerini bulmuş olmalı. Spinal kanala yakın, iki omur arasına, tam olarak giren iğnenin delinmesini hissediyorum. Hemşire en kötüsünü atlattığımı söylüyor. Aslında sadece delinmeyi ve ardından biraz baskı hissettim. Bunun tamamen normal olduğunu ve sinir sıvısının içi boş iğneden tüpe kendi kendine damladığını anlatıyor. Yaklaşık 10-15 mililitre gerekiyor. İğneyi tekrar nasıl çektiğini fark ettim. Orada tekrar basınç oluşur ancak yaklaşık 2 dakika sonra bu durum tekrar tolere edilebilir. Profesör bana tüm sınav boyunca, her adımı detaylı bir şekilde anlatıyor. Hemşire, delme bölgesine yara bandı koyuyor ve daha önce de konuştuğumuz gibi, hemen yatıyorum. Önümüzdeki en az 4 saat boyunca mutlaka dinlenme artık çok büyük önem taşıyor. Komplikasyonları önlemenin tek yolu budur. Genellikle çok şiddetli baş ağrılarına ve mide bulantısına nedeni olurlar. En kötü durumda, enjeksiyon bölgesinde enfeksiyon veya iç kanama meydana gelebilir. Eksik sinir suyunun hızlı bir şekilde, çoğaltılabilmesi için, şimdi çok içmek de önemlidir. Tabii ki, çok fazla içmenin şu anda harika olduğunu düşünmüyorum, çünkü önümüzdeki 4 saat boyunca, tuvalete gitmeme izin verilmiyor. Yani mecbur kalırsam bunu sadece sürgü üzerinde yapabilirim.

Benim için çok zor olan bir şey. Mesanemin çoğu zaman neredeyse patlama tehlikesi yaşamasına rağmen, sürgüye oturduğumda sadece damlacıklar çıkıyor. Frank'in hâlâ burada olmasına sevindim. Çünkü ondan her 15 dakikada bir sürgüyü istiyorum. Ve o benim kocam olmasına rağmen, yine de beni rahatsız ediyor. Ama bunu yapması için bir hemşireyi, hatta bir bakıcıyı çağırmak zorunda kalsaydım, bunu daha da tatsız bulurdum. Kocam aslında mükemmel bir bakıcıdır. Hastanede benimle birlikteyken (geçmişte çok sayıda kişi vardı), benimle çok ilgileniyor ve hemşirelerin ve bakıcıların pek çok iş yükünü hafifletiyor. Varlığına rağmen beni rahatsız etmiyor. Ona ihtiyacım olduğunda oradadır. 4 saat doldu ve şimdi gerçekten tuvalete gitmek istiyorum. Kafam biraz sisli, ama Frank beni destekliyor ve beni tuvalete kadar yürütüyor ve hemen yatağıma götürüyor. Muayeneden dolayı, akşam yemeğimi yiyemedim ve şu anda kendimi biraz aç hissediyorum. Frank hemşireye sormaya gidiyor ve kısa bir süre sonra elinde bir tepsiyle geri dönüyor. Hemşireler akşam yemeğimi bana sakladılar. Peynirli ekmek ve meyve çayını sabırsızlıkla bekliyorum. Akşam yemeğinden sonra gene yorgunum. Aşkım ile vedalaşıp hemen uykuya dalıyorum.

Ertesi sabah kendimi oldukça iyi hissediyorum. Ne başım ağrıyor, ne midem bulanıyor, ne de başım dönüyor. İyi ki yatak istirahatine sadık kaldım. Kahvaltıdan sonra tekrar bekleme zamanı. Sonraki testleri bekliyoruz. Umarım kalan testlerin çoğunu bugün yaparlar, böylece mümkün olduğu kadar çabuk eve dönebilirim.

Size kesinlikle bir şey tavsiye etmek istiyorum: İleride bir muayeneniz varsa ve aynı muayeneyi daha önce yaptırmış başka bir hastayla karşılaşırsanız, onun bu konuda ne hissettiğini sormayın. Her hasta muayeneyi diğerinden farklı yaşar ve bazıları biraz daha şikayetçi veya ağrıya karşı duyarlıdır. Birisi size bundan bahsetmek isterse ya da size bundan bahsetmemesini isterse dinlemeyin. Burada tecrübeye dayanarak konuşuyorum. Sivrisinekten fil yapan insanlar var ve onların söylediklerini dinledikten sonra, bu sınavdan sağ çıktıkları için çok şanslı olduklarını düşünebilirsiniz. Bazı insanlar sadece kendilerine acınmasını ve oldukça zararsız bir soruşturmayı psikolojik gerilime dönüştürmeyi ister.

"Yenildiğinden daha sıcak pişirilir, tuzu sonradan eklenir" diye bir söz boşuna değil.

Muhtemelen zaten fark ettiğiniz gibi, ben çok kibirli bir insanım ve her zaman mükemmel görünmek isterim. Her ne kadar mükemmel görünüm de bir görüş meselesi olsa da. Ama bunu öncelikle kendim için yapıyorum.

Özellikle kendimi iyi hissetmiyorsam, daha da güzel giyinirim. Her zaman düşünürüm ki, eğer zaten kötü hissediyorsam ve rahat değilsem, dış görünüşümün de kötü olması gerekmez. Bugünün planlanan muayeneleri hakkında hemşireden bilgilendirildiğim için, hazırlıklarımı yapmak için ilk olarak banyoya gitmeye karar verdim.

Dışarı çıkmaya hazırım derken, eşofman ve spor ayakkabımı giyip, saçlarımı şekillendirip, makyaj yapıyorum. Makyaj elbette normalden daha incelikli çünkü hasta ya da solgun görünmek istemiyorum. Her ne kadar daha önceki bir dönemde, solgun olmak asil sayılıyordu. Öyle olsun. Hala biraz makyaj yapıyorum. Bu beni biraz daha rahat hissettiriyor. Banyodan çıktığımda, kapı çalınıyor. Bu muhtemelen kahvaltı olacak. Kapı açıldığında, kahve kokusunu şimdiden alabiliyorum. Kahvaltısını ilk alan yatak arkadaşım oluyor. Kapağı kaldırıyor ve ilk bakışını görüyorum. Gördüğüm şey çok iştah açıcı ve doyurucu görünüyor. Artık hastanedeki kahvaltının bu kadar zengin olmasına hayret ediyorum. En son hastaneye gittiğimde, her şey tamamen farklı görünüyordu. Tabaktaki ikramlar bana gülümsüyor. Poşetteki ekmekler taze kokuyor. Ayrıca bir yumurta, iki dilim sosis, bir dilim peynir, reçel, Nutella ve bir bardak portakal suyu da var. Bir otelde bundan daha iyisini bulamazsınız. Kahvaltım nerede? Beni unuttular mı? Belki hemşirenin başka bir şey yapması gerekiyordu. Sonuçta burası bir otel değil, bir hastane ve buradaki hemşirelerin gerçekten yakıt zamanı işi var. Yemek arabalarının nerede olduğunu sormaya karar verdim ve dışarı çıkıp arabadan tepsiyi çıkaran hemşireye sordum. Yaklaşan bir tıbbi muayene için oruç tutmam gerektiğini ve bu nedenle kahvaltı yapmayacağımı söyledi. Hayal kırıklığı içinde odama geri dönüyorum. Gerçekten kahvaltıyı sabırsızlıkla bekliyordum. Ama somurtacak fazla zamanım yok, çünkü odanın kapısını kapattıktan hemen sonra kapı çalındı ve kapı açıldı. Koğuş doktoru elinde bir tıbbi dosyayla içeri giriyor. Bana günaydın dedikten sonra bu tıbbi dosyayı elime veriyor ve PET muayenesinin yapılacağı başka bir binaya gitmemi istiyor.

Muhtemelen bir veya ikinizin daha önce keşfetmiş olduğu gibi, günümüzde bir hastane artık tek bir binada olmuyor. Köln'deki üniversite kliniğinin alanı, büyüklüğü ve çok sayıda bina nedeniyle, kesinlikle daha büyük bir köyle karşılaştırılabilir. Bu binaların her biri farklı bir uzman kliniğe ev sahipliği yapmaktadır. Bulunduğum yerde bir göz kliniği, bir Kulak-Boğaz-Burun kliniği, bir çocuk kliniği, bir ortopedi kliniği, bir nöroloji kliniği vs. Diğer tüm alanları listelemek sonsuza kadar sürer.

Sık sık yönümü şaşırdığımdan ve artık nereye gitmem gerektiğini veya nerede olduğumu bilmediğimden, doktordan bana eşlik edecek birini rica ediyorum. Doktor endişelenmememi istiyor. Zaten her şeyi harekete geçirdi. Hastane sınırları içerisinde özellikle hasta taşımacılığından sorumlu olan bir taksi, muayene bitiminde beni alıp geri getiriyor. 5 dakikadan az bir süre sonra, taksi şoförü odamıza geldi ve başlıyor. Muayene yapılacağı binaya yolculuk 3 dakikadan az sürüyor. Şoför bana resepsiyona kadar eşlik ve veda ediyor. Koğuş doktorunun bana talimatı üzerine bekleme alanında oturuyorum ve çağrılana kadar bekliyorum. Aradan 10 dakika geçmeden, bir hemşire yanıma gelip beni selamlıyor, tıbbi kayıtlarımı alıyor ve bana bir bardak uzatıp boşaltmamı istiyor. Temel olarak, hiçbir şeyi kabul etmek yerine her şeyi sorgulama alışkanlığı edindim. Bu yüzden hemşireme bunun ne olduğunu ve hangi amaca hizmet ettiğini soruyorum. Bana tiroidi korumak için olduğunu söyledi. Ne yazık ki tadı çok tuzlu. Ahhhh; "Tuzlu" kelimesi bende hemen alarm zillerini çaldırıyor. Önceki muayeneler sırasında, sıklıkla aşırı tuzlu sıvılar içmek zorunda kalıyordum; ve bu bana her zaman büyük sorunlar yaşatıyordu. Bazen küçük bir yudum kusmam için yeterli oluyor. Bu tuzlu tat, bende hemen kusma isteği uyandırıyor. Bu konuda hiçbir şey yapamam. Bu nedenle, bazı muayeneler ertelenmek zorunda kalmıştı. Benim için bu her zaman muayene kendisinden daha kötüdür. Tiroidimin büyük kısmı alındı. Bunu doğrudan hemşireme bildiriyorum. Bakın, o iğrenç, tuzlu tadı olan şeyleri içmeme gerek yok. Şu anda ne kadar mutlu olduğuma inanamazsınız. Bu şeyi içmek zorunda olmadığım sürece, benimle neredeyse her şeyi yapabilirsiniz. Bu konuda her zaman çok hassas olmuştum. Bu muhtemelen çok belirgin öğürme refleksimden kaynaklanıyor. Diş fırçasıyla dilimi bile temizleyemiyorum. Burada da öğürme refleksi hemen devreye giriyor. Kolonoskopi sırasında, bağırsakların tamamen boşaltılabilmesi için, önceden litrelerce tuzlu sıvı içmeniz gerekiyor. Mesela Frank bunu hiç umursamıyor. Onu rahatsız etmediği için su gibi içiyor. Mesela ben onu bu şekilde içemiyorum, bu yüzden Frank benim için onu her zaman su yerine çay ile karıştırıyor.

Bu, bağırsakların boşaltılmasında aynı etkiye sahiptir ancak tadı o kadar iğrenç değildir. Yine de onu içmem her zaman biraz daha uzun sürüyor.

Neden bu PET/CT gerekiyor? Bu nasıl bir muayene? Bu muayeneyi daha önce duymadığım için, muayene odasında doktora soruyorum. Herkes yapmalıdır. Kendisi hakkında muayene yapıldığında bunun neyle ilgili olduğu ve hangi amaçla yapıldığı konusunda bilgilendirilmelidir. Sonuçta mesele sağlığımızdan başka bir şey değil; yani sahip olduğumuz en değerli şey. Ve birçok insanın muhtemelen her zaman unuttuğu şey: elimizde sadece bu var. Ben en azından bir denek tavşanı gibi hissetmek istemiyorum.

Doktorum çok iyi biri ve bu PET muayenesinin neden ve nasıl yapıldığını, bana detaylı bir şekilde anlatmak için zaman ayırıyor.

PET/BT incelemesi şu anda demans veya diğer beyin hastalıklarının tanısında en modern görüntüleme yöntemidir. PET, Pozitron Emisyon Tomografisinin kısaltmasıdır. CT, bilgisayarlı tomografi anlamına gelir. PET taramasıyla beyindeki metabolizmayı gösterebiliryor. BT ise beyindeki patolojik değişiklikleri mekansal olarak lokalize eder. PET taraması, beyin dokusundaki hasarı erken aşamada tespit etmek için kullanılabilir. Bu, örneğin MR (Manyetik Rezonans Tomografi) ile mümkün olamaz. Alzheimer/demans hastalığı şüphesi varsa, bunun mümkün olduğu kadar, erken fark edilmesi çok önemlidir. Ne yazık ki bu hastalığın şu anda tedavisi mümkün değil.

Erken teşhis edilirse, ideal olarak salgının erken evrelerinde, hedefe yönelik tedaviyle ilerleme yavaşlatılabilir. Aynı durum Parkinson hastalığı için de geçerlidir. Bu PET muayenesi ile Alzheimer, demans ve Parkinson hastalığını henüz herhangi bir belirti göstermeseniz bile tespit etmek mümkündür. Bu tür yüksek doğruluklu görüntüleme incelemesiyle tümörlerin yeri de belirlenebilir. Muayene için hastaya, hassas görüntüleme için gerekli olan zayıf radyoaktif bir madde enjekte edilir. Yani artık benimle de. Doktor da bunu bana önceden açıkladı. Şu ana kadar hiçbir hastada alerjik reaksiyon görülmedi. Önceki tüm çalışmalarda, radyoaktif maddenin vücutta her zaman iyi emildiği, tolere edildiği ve hızla parçalandığı görülmüştür. Bunu doktora özellikle sordum, çünkü geçmişte CT taraması sırasında, kontrast madde eklenmesiyle dolaşım bozukluğu yaşadım. Bu hayatımdaki en az hoş deneyimlerden biri olduğundan, o zamandan beri bu tür muayeneler söz konusu olduğunda daha dikkatli oldum. O zamanlar çok korkmuştum çünkü durum daha da kötü olabilirdi. En kötü senaryoda ölümümle sonuçlanabilirdi. Muayeneden 3 gün önce yüksek doz kortizon almaya başlanarak, yaklaşan BT tetkiki sırasında kontrast madde ilavesi ile bu alerjik reaksiyonların önlenmesi mümkündür. Muayene günü kontrast madde eklendiğinde anti-alerjik ilaç enjekte edilir. Sonraki muayenelerde başka komplikasyon yaşamadım.

Bu riski doktorlara belirtmeme rağmen, bugünkü muayenede bu tür bir önlem alınmayacaktır. Tabii bu beni korkutuyor. Damarlarımda dolaşan sıvıyı hissediyorum. Korkum giderek artıyor. Doktor bunu fark ediyor ve sakince benimle konuşarak beni sakinleştirmeye çalışıyor. Sadece kendime konsantre olduğum için sözlerini fark etmiyorum. Sonraki 30 dakika boyunca gözlerim kapalı dinlenebileceğim bir tür dinlenme odasına götürülüyorum. Gerçekten rahatlamayı başaramıyorum. İçimdeki gerginlik hâlâ çok büyük. Çok şükür bu 30 dakika geçti. Gerçek muayene için beni bir hemşire alıyor. Muayene masasına uzanıyorum ve radyolog odadan çıkıyor. Kapıyı arkasından kapatır kapatmaz, üzerinde yattığım kanepe tüpe doğru hareket etmeye başladı. Bu tüpler genellikle çok dar oluyor ve klostrofobisi olan kişiler için büyük sorun teşkil ediyor. Bu tüp, kendimi sıkışık hissetmemem için yeterli alan sunuyor. Cihaz beynimi görüntülemeye başladığında burada da sadece sessiz bir uğultu duyulabiliyor. Toplamda sınav yaklaşık 2 saat sürmektedir. Bu bana çok uzun bir süre gibi geliyor. Ancak bu kadar uzun olduğunu düşünmüyordum. İşim bitti ve şimdi ambulansın beni koğuşuma geri götürmesini bekliyorum. Bu arada, çoğu sağlık sigortası şirketi yalnızca yatarak tedavi edilmesi durumunda masrafları karşılıyor. Bu muayene için yatarak tedavi süresinin, ayakta tedavi bazında yapılmasına göre, çok daha fazla maliyetli olduğunu hesaba katarsanız, bunu anlamanıza gerek yoktur.

Sınavlar ve sağlık sigortasıyla ilgili pek çok şey mantıksız olduğundan, mantıklı düşünmemeyi öğrendim.

Koğuşa geldiğimde tıbbi dosyamı koğuş odasındaki hemşireye geri veriyorum. Kahvaltım zaten odada beni bekliyor. Kahveyi doğrudan koridordaki makineden alıyorum. Benim için kahvaltının en önemli unsuru kahvedir. Kahvaltı olmadan da yapabilirim. Ama kahvede değil. Sabah kahve içmezsem baş ağrısı kaçınılmazdır. Bunlar daha sonra gün içinde migrene benzeyene kadar artar.

Öğle yemeği yakında geleceği için, kahvaltıyı atlayıp, sadece kahvemi içmeye karar verdim.

Bölüm 18

"Herkes sadece kendini düşünüyorsa herkes düşünülmüyor demektir"

İkinci fincan kahvemin tadını çıkarırken, bugün hangi testlerin planlandığını görmek beni heyecanlandırıyor. Umarım bugünlük bu kadar değildir, çünkü mümkün olduğu kadar çabuk eve dönmek istiyorum. Kapı çalınıyor. Onlar benim iki aşkım. Kızım ve Frank beni ziyarete geliyorlar. Ah, ne kadar mutluyum. Her ikisinin de etrafımda olmasını seviyorum ve hastanedeyken onların yanımda olması daha da güzel. Herkes hastaneye gitmeyi sevmez. Sadece bir ziyaret olsa bile. Frank'in hiç umrunda değil. Fırsat buldukça hastanede benimle birlikteydi ve hala da öyle. Kızımla durum farklı. Beni hastanede ziyaret etmekte çok zorlanıyor. Çoğu zaman buna yalnızca bir saat dayanabilir. Hastaneden tekrar çıkabildiğinde ne kadar mutlu olduğunu gerçekten anlayabilirsiniz. Dikkat çeken şey, hastalıklarımla pek iyi başa çıkamaması. Belki de bu benim hatamdı, çünkü geçmişte hasta olduğumda bunu hissetmesine asla izin vermezdim. Onun karşısında her zaman güçlü anne ormak istedim. Bu her zaman kolay değildi. Babasından ayrıldıktan sonra, ikimiz de bir süre yalnız yaşadık. Yalnızca büyükannesi hâlâ aile çevresinin bir parçasıydı. Bu süre zarfında hep onun babası ve annesi olmaya çalıştım. Okuduğunuzda size saçma gelen şey aslında saçmadır. Çünkü bir anne bir babanın yerini alamayacağı gibi, bir baba da bir annenin yerini alamaz. Hep onun için güçlü olmak ve onu her şeyden korumak istiyordum. Kendimi kötü ya da hasta hissettiğimde, asla belli etmesine kendimi izin vermedim. Artık kızım küçük bir çocuk değil. 17 yaşındadır. Bugün onu her şeyden korumaya çalışmanın bir hata olduğunu biliyorum. Şimdi öne sürebileceğim mazeret, benim küçük bir çocukken yaşadığım şeylerin aynısını onun da yaşamasını istemememdi. Çünkü 38 yaşında olan babam ilk ciddi kalp krizini geçirdiğinde ve 6 hafta boyunca yoğun bakım ünitesinde hastanede kaldığında, ben henüz on bir yaşındaydım. Doktorlarla birlikte yaşam mücadelesi vererek hayatta kaldı. Babamı çok seviyorum ve o zamanlar onu böyle görmek beni çok üzüyor ve bugüne kadar travmatize ediyor.

4 yıl sonra babam ikinci kalp krizini geçirdi ve zorlu bir mücadelenin ardından atlattı. Takip eden yıllarda daha fazla kalp krizi yaşandı.

Bundan sonra her türlü heyecan onun için tehlikeli olabileceğinden, annem ve ben de ona göre davrandık ve her türlü heyecanı ondan uzak tutmaya çalıştık.

Bu bizim için gelecek yaşamlarımızı tamamen babamı örnek alarak modelleyeceğimiz ve her şeye "evet" ve "amin" diyeceğimiz anlamına geliyor. Elbette bu sadece sınırlı bir ölçüde işe yaradı çünkü bir insanı kalıcı olarak pamukla saramazsınız. Ve ergenlik çağındayken, bu benim için özellikle zordu. Eğer hala babama karşı çıkmaya cesaret etsem, arsız olsaydım ya da istediğini yapmasaydım, o her zaman hemen kalbini tutar ve derin bir nefes alırdı. Daha sonra her zaman hemen nitro spreyine ihtiyacı vardı.

Bu senaryolar her zaman onun tekrar kötü hissetmesine nedeni olduğum için, kendimi anında suçlu hissetmeme nedeni oldu. İstesek de istemesek de; babam bizi tamamen kontrol altına aldı. Çoğu zaman babamın bizi terörize etmeye çalıştığını hissettim. O zamanlar, bu benim için büyük bir yüktü çünkü babam için hep korkuyordum.

İşte bu nedenle, hastalanırsam aileme ve sevdiklerime yük olmak istemeyeceğime ve hastalığımı kesinlikle hiçbir şeye koz olarak kullanmak istemeyeceğime karar vermiştim. Hastalıklarımı kızımdan saklamamın tek sebebi de bu. Hasta olduğumda, kendimi iyi hissetmediğimde ya da artık bunu yapamayacak durumda olduğumda, asla fark etmexdi ya da fark etmedi. Bir yandan ona yük olmak istemedim, diğer yandan da onun bu konuda üzülmesini istemedim. Bu süre zarfında sık sık ağladım. Ama asla onun önünde değil. Kelimenin tam anlamıyla kızımı pamuk yününe sardım. Bunun iyi olmadığını ancak şimdi fark ediyorum.

Çünkü bugün öyle bir durum varki, bir sorun ya da hoşuna gitmeyen bir şey olduğunda, bunu hemen engelliyordu ya da bastırıyordu. Demans ve Parkinson hastası olduğumu öğrendiğinde de durum aynıydı. Ayrıca bende bir sorun olduğunu giderek daha sık fark ediyordu. Örneğin, onunla alışverişe gidecek durumda olmadığım için, sık sık onunla olan randevularımı kısa sürede iptal etmek zorunda kalıyordum. Daha sonra hiçbir anlayış göstermedi ve bana düpedüz kızdı. Biz, daha doğrusu Frank, ona hastalığımı anlattık ve bunun gelecek için tam olarak ne anlama geldiğini anlattık. Frank ayrıca yardıma veya tavsiyeye ihtiyacı olursa, her zaman yanında olacağına dair güvence vermişti. Ama o zamanlar Frank onun beni doğru dürüst dinlemediğini ve hastalığım söz konusu olduğunda beni engellediğini çoktan fark etmişti. Her zaman evet derdi ama bu onun için işin sonuydu.

Kızımın bana gittikçe daha fazla aptal gibi davranmaya başladığını ilk fark eden kişi Frank'tı (ilk başta bunu fark etmemiştim). Ama şimdi tam tersine dönmüş gibiydi. O anneydi, ben de kızıydım. Ama dediğim gibi ilk başta fark etmedim. Frank bana bunu sorana kadar, bu konuyu düşündüm ve o andan itibaren, ona daha fazla dikkat ettim. Ve ne yazık ki haklıydı. Kendisi de kızımla bu konuyu konuşmuştu. Ama bana bu şekilde davrandığını inkar etti ve o andan itibaren Frank ile kızdı. Annenizin demans ve Parkinson hastası olduğunu öğrenmek elbette hiç de kolay değil. En büyük olmasa da sorunlardan biri, akrabaların veya arkadaşların bununla nasıl başa çıkacaklarını bilmemeleridir. Hasta bir kişi olarak bazen aniden çok bulaşıcı bir hastalığa yakalanmış gibi hissedersiniz. Annem de öğrendiğinde büyük bir hata yaptı. Daha sonra Frank'a, kızının büyüdüğünde, annesine bakacağını düşündüğünü söyledi. Yani bu demek ki artık kızına bakmak zorundaydım. Frank ona, benim nihai bakımımla hiçbir ilgisi olmayacağına, çünkü sonsuza kadar yanımda olacağına dair güvence vererek ona uygun cevabı verdi. Frank annemin bu açıklamasına oldukça kızmıştı ve bir annenin kızı hakkında nasıl böyle bir şey söyleyebildiğini anlayamıyordu. Bana bu hikâyeyi ancak yıllar sonra anlattı. Buna o kadar şaşırmıştım ki, ne diyeceğimi bilemedim.

Bir kişinin 44 yaşında bu tanıyı alması kesinlikle alışılmadık bir durumdur. Ama ne kızım ne de annem bu konuda ne hissettiğimle ya da bu konuda ne hissettiğimle ilgilenmiyordu. Bu konuyu yalnızca Frank ve terapistim ile konuşabildim. Kızımın ve annemin tepkisi, beni çok hayal kırıklığına uğrattı. Beni derinden yaraladı. Özellikle arkamda durmalarını, yanımda olmalarını, bana destek olmalarını, bana güç vermelerini bekliyordum. İyi zamanlarda birbirimizin yanında olmak nispeten kolaydır. Kötü zamanlarda sizi gerçekten kimin desteklediğini göreceksiniz.

Bölüm 19

"Birbirimizin yanında olmak ne az ne de çokdur. Bu her şey demek dır."

Son zamanlarda insanların tedavi edilemeyen veya ciddi bir hastalığı olanlardan neden giderek daha fazla uzaklaştığını merak ediyorum. Sanki enfeksiyon kapmaktan korkuyorlarmış gibi geliyor. En yakın arkadaş, sevgili anne ya da sevgili komşu olanların hayatından adım adım yok oluyorlar. İlk başta hayal ettiğimi düşündüm. Ama artık bunun üzücü bir gerçek olduğunu biliyorum, çünkü ben de ne kadar çok tanıdık insanın hayatımdan gizlice çıktığını ilk elden deneyimlemem gerekiyor. Nadir hale geldiler ve artık sizinle ara sıra iletişim kuruyorlar veya hiç iletişim kurmuyorlar.

Bugüne kadar hayatımda çok sık hastanede bulundum. Bazıları daha az dramatikti, diğerleri o kadar güzel değildi.
Bu aynı zamanda, kanserden şüphelenilen göğüs ameliyatlarım için de geçerlidir. Daha az dramatik kalışlar sırasında her zaman arkadaşlarım, meslektaşlarım ve tanıdıklarım tarafından ziyaret edildim. Hiçbir zaman yalnız bırakılmadım.
Ama göğüs hikayelerinde her seferinde tamamen farklıydı. Neredeyse hiç arkadaşım yokmuş gibi, hiç meslektaşım ve tanıdığım yoktu. Bu süre zarfında sağlığım hakkında bilgi almak için beni aradılar, ama kişisel temastan kaçındılar.
Bu beni o zamanlar çok etkiledi, çünkü anlamıyordum. Daha sonra söz konusu insanlarla bu davranış hakkında konuştum, çünkü sadece anlamak istedim.

Sık sık beni her zaman düşündüklerini öğrendim, ama bu durumla nasıl başa çıkacaklarını, bana karşı nasıl davranacaklarını bilmiyorlardı. Bununla birlikte, başka bir cevap olarak, bunu duyduklarında çok şaşırdıklarını da aldım. Önce bunu kendileri sindirmek ve onunla başa çıkmak zorunda kaldılar.

Şimdi yine böyle. Tabii ki, sevilen birinin bir günden diğerine ölümcül hasta olduğunu duyduğunuzda kolay değildir. Bu önce çuvalanmalı ve sindirilmelidir. Ama sonra bir noktada artık sadece kendinizi düşünmemeli, ilgili kişiye cesaret ve güç vermeye, onu desteklemeye ve yanında durmaya çalışmalısınız. Ama tabii ki kişiden kaçınmak daha kolaydır. Bir çoğu bunun kendilerini de etkileyebileceğini unutuyorlar. Ben de bu deneyimi tekrar yaşamak zorunda kaldım. Ve bu, teşhisim henüz olmasa da %100 güvence altına alınmıştır.

Demans hastalarıyla nasıl başa çıkılacağını daha sonra daha ayrıntılı olarak tartışmak istiyorum.

Akrabaların, arkadaşların ve tanıdıkların ilgili kişi için korktuğunu anlıyorum. Çoğu zaman, hasta insanlar daha sonra kendileri biraz rahatlık almak yerine, aile üyelerini veya arkadaşlarını rahatlatmak zorunda kalırlar.

Konuşmak, dinlemek veya sessiz kalmak, hasta kişinin size ihtiyacı olduğunda, yanında olmak önemlidir; şu anda neye ihtiyacı olduğunu hissedebilmeniz. Hastalıkları hakkında konuşmak istemeyen hasta insanlar var. Buna saygı duyulmalı veya kabul edilmelidir.

Ama bir de diğer taraf var, bunun hakkında konuşmak isteyenler, hatta konuşmak zorunda olanlar. Kendi çıkarları burada arka planda kalmalıdır. Artık hasta kişinin ihtiyaç duyduğu veya izin verdiği ölçüde, hastanın yanında olmak önemlidir. Bu paha biçilmezdir. Bu arada, her iki taraf için de olduğunu düşünüyorum.

Demans, kanser veya diğer ciddi hastalıklar yaşınız, eğitiminiz, işiniz ve hatta gelecek için planladığınız şeylerle sınırlı değildir. Ve bu hastalıklar genç yaşta insanları giderek daha fazla etkilemesine rağmen, bu gerçek hala olması gerektiği gibi tedavi edilmiyor. Bastırılır, bir kenara itilir ve soluklaşır. Kendileri de bundan etkilenmeyenlere göre beni etkilemiyor. Her ne kadar doğrudan etkilenenler ve şu anda buna en çok ihtiyaç duyanlar olsa da, insanlar geri çekiliyor ve kendilerini kıtlaştırıyorlar. Biraz önce canlı bir iletişimin olduğu yerde, birdenbire sadece buzlu bir sessizlik var. Doğru kelimeleri bulamadığınızı düşünüyorsunuz. Ama bu kesinlikle önemli değil. Orada olmak, kelimeler olmasa bile, en önemli şeydir. Zamanla, kişinin o anda neye ihtiyacı olduğuna dair bir fikir edinirsiniz. Sadece birlikte olmak ya da birbirinizle sohbet etmek olabilir, ama aynı zamanda sadece gündüz/yaşam boyunca eğlenmek gibi her gün de olabilir.

Özellikle demanstan muzdarip bir kişinin, büyük olasılıkla bende olduğu gibi, normal günlük yaşamdan çekilmesi, öncelikle akrabalar veya arkadaşlar tarafından anlaşılmalıdır. Çoğu zaman kendilerini gücenmiş hissederler, çünkü hasta kişi aniden onlar hakkında daha fazla bir şey bilmek istemez. Çoğu zaman, anlamak, bununla başa çıkmayı öğrenmek için, dışarıdan da yardıma ihtiyaç vardır.

Akrabalarım veya arkadaşlarım hasta bir kişi olarak benden çekildiğinde, kendimi incinmiş ve çaresiz hissediyorum. Muhtemelen bunu bilinçsizce, kendilerini korumaları, ilgisizlikleri ve empati eksiklikleri için yapıyorlar.

Söylemesi kolay: kimseden bir şey beklemeyin, o zaman siz de hayal kırıklığına uğramayacaksınız.

Ama benim için bunlar beklenti değil. Benim için, birbirimiz için, ayağa kalkmak birlikteliğin bir parçası; Kaynaşma demektir. Özellikle bir ailede, aynı zamanda arkadaşlıkta. Aslında bu insanlık.

Hayatta, birçok şey birlikte, onlarla tek başınıza başa çıkmak zorunda olduğunuzdan daha kolaydır. Birliktelik, hayatı her insan için daha sevimli hale getirir.

Tabii ki, hayat aynı zamanda sağlıklı bir bencillik dozu da içerir. Birbirimize ve birlikteliğimize verilen tüm destekle, kişi kendi ihtiyaçlarını göz ardı etmemelidir.

Bölüm 20

"Soruşturmalar devam ediyor"

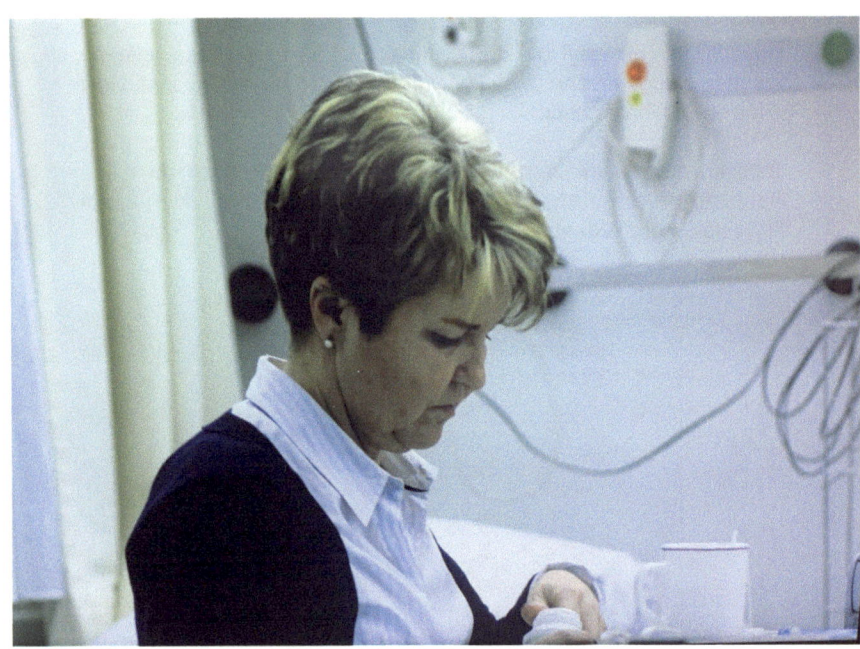

Dün gece neredeyse hiç uyumadım ve bu sabah da aynı şeyleri hissediyorum. Bunun nedeni muhtemelen içeride oldukça gergin veya heyecanlı olmamdır. Muhtemelen bugün yapmam gereken sınavları görmek beni heyecanlandırdığı için. Hâlâ kahvaltı yapıyordum ki kapı çalındı, kapı açıldı ve dostça bir "ziyaret" sesi duyuldu. Hiç bu kadar çok beyaz önlüklü ziyarete gelmemiştim. Şimdi onur duymam mı gerekiyor? Şaka bir yana. Hastane odamızda şu anda birlikte duran 10 erkek ve kadın var. Her şey doğada yürüyüşle geçen bir güne benziyor. Öğretmen önde duruyor - burada Profesör Zimmermann - ve öğrenciler onun etrafını duruyorlar. Tanrıya şükür, Profesör Haut orada değil. Bu tiksintiye dayanamazdım, lütfen kusura bakmayın, sabahın erken saatlerinde.

Her zaman olduğu gibi, en azından şu ana kadar onu deneyimlediğim kadarıyla, Profesör Zimmermann öyle bir sakinlik ve samimiyet yayıyor ki, gerçekte nerede olduğunuzu neredeyse unutuyorsunuz. Önce sakin bir şekilde yatak arkadaşımla ilgileniyor. Sonradan sıra bende. Yatağımın yanına gelip yatağın kenarına oturuyor. Bunu yatak arkadaşıma yapmadı. Bu iyi ya da kötü bir şey anlamına mı geliyor? Kesinlikle bana anlatacak çok şeyi var ve keşke Frank burada olsaydı. Umarım her şeyi aklımda tutabiliyorum, böylece daha sonra ona rapor edebilirim. Kısa süreli hafızam beni giderek daha sık yanıltıyor, bu yüzden Frank tüm önemli şeyler için her zaman orada. Kocamın orada olup olmaması doktorların umurunda değil. Ama bir kez bunu farklı yaşadık. Bir nörologla ilk randevu sırasında Frank'in danışma odasına girmesine izin verilmedi. O sırada dinlenmesine izin verdim. Bugün farklı olurdu. Bugün hem Frank, hem de ben ısrar ediyorduk; çünkü bu benim bir hasta olarak hakkım dır. Bu nöroloğu ilk ve son görüşümdü.

Profesör Zimmermann öncelikle nasıl olduğumu ve önceki muayeneler iyi mi yoksa kötü mü geçtiğimi öğrenmek istiyor. Hayır diyorum ve ona şu ana kadar her şeyin katlanılabilir olduğunu açıkça söylüyorum. Bu da yalan değil. Muayeneler öncesindeki gerginlik ve korku şu ana kadar muayeneler kendisinden daha kötüydü. Gerilim ve korku aynı zamanda muayenelerin nihai sonuçlarıyla da ilgilidir. Şimdi neyin gün ışığına çıkabileceğini bilmemek veya karanlıkta kalmak. Omurilik muayenesi biraz rahatsız ediciydi, ama zor değildi.

Profesör Zimmermann bana test sonuçlarını anlatmaya başlıyor. Kısa bir süre sonra, sözünü kestim ve Frank gelene kadar benimle konuşmamasını istedim. Anında anlayış gösteriyor. Ancak yine de bazı incelemelerin neden yapıldığını veya yapılmakta olduğunu anlayabilmem için, sohbete devam etmek istedi. Kocam da oradayken, benimle tekrar konuşabilmek için, bugün bütün gün koğuşta olacağını sakin bir tavırla açıkladı. Endişelenmeme gerek kalmayacaktı. Konuşmamız devam ettikçe, daha da huzursuzlandığımı ve duyduğum bir şeyi unutabileceğim için, giderek daha fazla paniğe kapıldığımı muhtemelen konuşmamız sırasında gözden kaçırmamıştı. Artık rahatlamıştım ve o da açıklamasına devam etti. Kafatasımın ve beynimin resimlerinde değişiklikler görülebiliyordu. PET taraması ayrıca beynimin sağ tarafındaki kan akışının olması gerektiği gibi olmadığını gösterdi. Bu, bu bölgede ve ayrıca ön bölgede demans olduğunu gösteriyordu. Ancak bu henüz başlangıç aşamasındadır. Ancak bir sonraki yaklaşımı belirleyebilmek için, daha ileri araştırmaları beklemek ve daha sonra bunu meslektaşlarıyla tartışmak istiyor. Daha sonra Frank ve benimle oturup bundan sonra ne olacağını sakin bir şekilde tartışıyor. Şu ana kadar mevcut görüntülerde gösterilen Parkinson hastalığıyla bağlantılı olası, demans hâlâ oldukça belirsiz. Bana şu anda bekleyen muayeneleri anlattı. Ancak artık onu gerçekten dinlemiyordum ve sesini yalnızca çok uzaktan duyuyordum. Parkinson hastalığının yanı sıra, demans hastalığımın da büyük olasılıkla olacağını beklemiyordum. O anda düşüncelerim burası ve şimdi dışında her yerde dönüyordu. Şu ana kadar demans ve Parkinson hastalığının yaşlılık hastalıkları olduğu kanaatindeydim. Bu hastalıkların genç yaşta da ortaya çıkabileceğini hiç düşünmemiştim. 44 yaşında bu teşhisi alacağımı hiç düşünmezdim. Doktor muhtemelen söylediklerini artık takip etmediğim gerçeğini gözden kaçırmamıştı. Elimi yakalayıp hafifçe sıkarak beni rahatlatmaya çalışıyor. Cesaretini kaybetmemesinden ve her şeyin yoluna gireceğine olan inancından bahsediyor. Benden ve yanımda olan ve bana güç veren kocamdan, çok büyük bir güç görüyor. Böyle bir şeyi sindirmek ve sonunda kavgayı kabul edebilmek zaman alıyor. İlk başta şok oluyorsunuz ve bundan sonra ne yapacağınızı bilmiyorsunuz. Aklıma karanlık görüntüler ve düşünceler geliyor. Neredeyse dünyanın sonu geliyor gibi. Hastalığa bulaşmak, onu kabul etmek ve sonra onunla savaşmaya başlamak zaman alıyor. Başımı kuma gömmemeliyim. Çünkü bu yardımcı olmuyor. Sözleri kafamda yeniden netleşiyor. Gözlerimden birkaç damla yaşı sildim. Ne yazık ki, Parkinson ve demans için henüz bir tedavi mevcut değil, ancak uygun tedaviyle durdurulabilir veya yavaşlatılabilir. Ama onunla yaşlanabilirsiniz. Çünkü demansın çok farklı türleri var. Bunlar arasında çok yavaş ilerleyen ve klasik demanstan farklı seyir gösteren formlar da yer alıyor. Bana demansın genel bir terim olduğunu ve 50 farklı formu olduğunu anlattı. Semptomlar ve hastalığın ilerlemesi, demansın türüne bağlı olarak farklılık gösteriyor. Hala ne tür demans hastası olduğumu bilmiyorum. Bunun hala çözülmesi gerekiyor. Ancak o zaman uygun terapi veya tedavi hakkında konuşabilirsiniz. Ancak kesin olarak söyleyebileceği şey, demansımın henüz başlangıç aşamasında olduğunu. Bu da çok iyi bir şey, çünkü hastalığın ilerlemesini, yavaşlatma şansının da buna bağlı olarak, daha yüksek olduğu anlamına geliyor. Son olarak devam eden soruşturmalar hakkında beni bilgilendiriyor. Daha zor bir süreç bekliyorum. Ama aynı zamanda, burada 5 günden fazla kalmayacağıma dair de söz vermişti. Yani bugün ve yarın yapılması gereken testler var. Gelecekte benim için bundan sonra ne olacağına dair son toplantı Cuma günü yapılacak. Ve sonra eve gidebilirim. Benim ya da kocamın, herhangi bir sorusu olursa, her zaman müsait olduğunu bir daha vurgulamadan ayağa kalkıp vedalaşıyor.

Derin bir nefes alıyorum. Beni etkileyen oldukça fazla ve yoğundu. Ama bunu daha fazla düşünecek zamanım yok, çünkü yatağımın önünde bir hemşire duruyor. İçeri girdiğini bile fark etmedim. Muayene için karşı binaya gitmem gerekiyor ve o bana eşlik ediyor. Yolda ondan psikiyatriste gideceğimi öğrendim. Biraz şaşırdım, çünkü kabul edildiğimde yaklaşık 5 yıldır psikoterapi gördüğümü zaten önceden bildirmiştim.

Şimdi psikiyatristin benden ne öğrenmek istediğini ya da bana ne söyleyeceğini merak ediyorum. Psikiyatri/psikosomatik kliniğine geldiğimde, hemşire beni resepsiyona kaydettirdikten sonra veda ediyor.

İki dakikadan kısa bir süre sonra bir doktor tarafından alınıyorum. Kısaca kendini tanıtıyor ve beni muayene odasına götürüyor. Karşısına oturduğumda ona daha yakından baktım. Beyazlar içindeki başka bir Tanrı kafamın içinde parlıyor. Henüz çok genç. Kendine güveni olmadığından neredeyse eminim ve bu yüzden bu kadar kibirli görünüyor. Beni soru yağmuruna tutuyor ve diğer şeylerin yanı sıra, bunun beni çok fazla zorlayıp zorlamadığını, birçok şeyi unutup unutmadığımı, kamusal hayattan daha fazla çekilip çekilmediğimi veya dışarı çıkmayı bırakıp bırakmadığımı bilmek istiyor. Ayrıca ne zamandır ve neden psikoterapiye gittiğimi, çocukluğumu, kocamı, mutlu bir evliliğimin olup olmadığını soruyor. Bana sorduğu yüzlerce soruyu burada sıralayabilirim. Bazı soruları bana çok tuhaf geliyor ve ona çok enerjik ve bazen de biraz keskin bir şekilde cevap veriyorum. Bu sınırlamalara sahip olmanın bana yük olup olmadığı sorusuna gelince, bunun muhtemelen mantıklı olduğu cevabını veriyorum. Bunu kim umursamaz ki? Durumu tersine çeviriyorum ve ona, bir gecede bazı şeyleri unuttuğunu ve günlük hayatta yapabildiği şeyleri artık yapamayacağını fark etmesinin onu rahatsız edip etmeyeceğini soruyorum. Bu soruları ona sorduğumda bile bunun onu çok rahatsız ettiğini fark ediyorum. Sandalyesinde ileri geri hareket ediyor. Ondan duyduğum tek şey "Evet, evet, muhtemelen haklısın." Hatta tüm bu soruları bana sormak zorunda kaldığı için benden özür bile diliyor. Karşınızda oturan hastanın depresyonda olup olmadığını, depresyonun şiddetini, intihar belirtilerinin olup olmadığını ancak bu şekilde anlayabilirsiniz. Bu bittiğinde gerçekten mutlu olacağım. Bütün bu sorgulamalar beni bir şekilde saldırganlaştırdı. Hayatım boyunca, bu tür psikiyatristlerin bazılarıyla uğraşmak zorunda kaldım. Ve hepsinin bir şekilde, insanlığın geri kalanından farklı çalıştığı şüphesini üzerimden atamıyorum. Sanki başka bir gezegenden gelmişler gibi. Sadece tuhaflar, sadece farklılar. Profesör Zimmermann bana bir psikiyatriste de gitmem gerektiğini söylediğinde, bunun demans veya Parkinson hastalığıyla ne ilgisi olduğunu sordum. Cevap ilk başta beni şaşırttı ama daha fazla düşününce mantıklı geldi.

Tanıyı koyarken, depresyon ve demans ayrımını yapmak önemlidir. Her iki hastalığın semptomları genellikle erken evrelerde benzerdir, bu da ciddi bir teşhisin net bir şekilde yapılamayacağı anlamına gelir. Bu nedenle bir psikiyatriste başvurmak çok önemlidir. Kesin bir ayrım, diğer şeylerin yanı sıra, hastanın geçmişini ve günlük davranışlarını, muayene sırasındaki davranışlarını, nörolojik ve psikolojik bulguları ve görüntüleme ve EEG muayenelerinin sonuçlarını içerir. Hastalar semptomlarını tanımladığında depresyonun mevcut olup olmadığı görülebilir. Bu nedenle bir psikiyatrist ile randevu çok önemlidir. Demans hastası olabilecek kişiler sıklıkla semptomlarını önemsizleştirir ve eksikliklerini gizlemeye çalışırlar. Depresyonlu ve demanslı kişiler, hafızalarından belirli içerikleri hatırlamakta eşit derecede sorun yaşarlar. Demanslı kişilerde buna hasarlı sabit disk adı verilir; bu da, hastanın bırakın daha sonra geri almayı, yeni bir şey bile kaydedememesi anlamına gelir. Depresyondan muzdarip insanlar için işler biraz farklıdır. Sabit sürücü hasar görmemiştir. Böylece yeni şeyleri kısıtlama olmadan kaydedebilir ve kaydedebilirsiniz. Oynatmada sorun yaşıyorlar. Ayrıca demansın depresif dönemleri de içerdiğini ve depresyonun demans benzeri semptomlara yol açabileceğini bilmekte fayda var.

Gördüğünüz gibi, birini diğerinden ayırmak o kadar kolay değil. Bu nedenle, kendi tanınızı koymaktan kaçınmalı ve öncelikle bir nöroloğa başvurmalısınız. Konsantrasyon sorunları ve unutkanlık, olası demansın hemen bir göstergesi değildir. Bunun demans olup olamayacağı konusundaki belirsizlik sonuçta sizi umutsuzluğa sürükler. Sadece korku nedeniyle ve muayene sırasında ortaya çıkabilecek şeyler nedeniyle, doktora gitmemek bir seçenek değildir. Bu, sonunda hiçbir çıkışın olmayacağı bir kısır döngüye yol açabilir. Ama sonra genellikle çok geç olur. İnsanlar şu söze çok düşkün: "Bilmediklerim beni heyecanlandırmaz." Ancak hepimizin tek sağlığı olduğu için, bu düsturla yaşamamalıyız. Hangi hastalık olursa olsun; ne kadar erken fark edilirse, iyileşme veya başarılı tedavi şansı o kadar artar. Kesinliğin kendiniz üzerinde de sakinleştirici bir etkisi olabilir. Beni her zaman rahatsız eden ve bazen de düpedüz kızdıran şey, doktorların sağlık sorunları için, organik bir neden bulamadıklarında veya bu neden çok belirsiz olduğunda, çok çabuk psikosomatik olarak sınıflandırılıyorlar. Eğer çocuğa ismiyle hitap edemiyorsanız ya da doğru şekilde hitap edemiyorsanız, o zaman "travma sonrası stres bozukluğu" tabiri sıklıkla kullanılıyor. Bu sözde bozuklukların birçok nedeni olabilir. Bana göre hemen hemen herkes bunu hayatında yaşamıştır. Bazıları daha az, diğerleri daha fazla. Bu bozukluklar genellikle "travma" adı verilen ciddi bir olaydan kaynaklanır. Bu bir mağdurun rolü olabilir veya görgü tanığı olarak korkunç bir şeye tanık olduysanız. Bunlar diğer birçok olasılığın sadece iki örneğidir. Bu da psikolojik bozuklukları tetikleyebilir ve etkilenen kişiyi gerçekten yoldan çıkarabilir. Travma olarak da bilinen travmatik deneyimlerin işlenmesi genellikle zordur. Erken fark edilmezse "travma sonrası bozukluk"a dönüşüyor. Ortaya çıkan semptomlar veya konsantrasyon sorunları, unutkanlık, kişilik değişiklikleri vs. gibi sağlık sorunları demansınkine benzer. Bu nedenle diğer doktorlardan görüş almaktan, kesinlikle çekinmemelisiniz. Ben de böyle yaptım. Güvendiğiniz bir doktora görünseniz bile, ciddi teşhislerde mutlaka ikinci bir görüş almalısınız. Sonuçta bu sağlığımızdan ve en kötü durumda hayatımızdan başka hiçbir şeyle ilgili değil. İki görüş her zaman bir görüşten daha iyidir.

Bazı insanlar, kendinize ve bedeninize daha yakından baktığınız için, hastalık hastası olduğunuzu düşünüyor (Hipokondri, sürekli hasta olma korkusu anlamına gelir. Hastalar fiziksel semptomlara son derece dikkat ederler ve bunları her zaman ciddi hastalıkların belirtileri olarak yorumlarlar. Baş ağrısı oluştuğunda, ilk akla gelen düşünce beyin tümörü, parmaklardaki karıncalanma multipl sklerozun olası bir belirtisi ve lenf bezi şişmesi olarak yorumlanır. Düğüm hipokondriyak bir korku kanserine neden olur. Hipokondride tipik olan şey, etkilenen kişilerin, doktor herhangi bir fiziksel hastalık teşhisi koymasa bile, hasta olduklarına ikna olmalarıdır. Hipokondri somatoform bozukluklardan biridir. Psikosomatik hastalıklar olarak da bilinen bu bozukluklar, organik hastalıklara değil, fiziksel şikayetlerle birlikte ruhsal sorunlara neden olur). Ama hiç kimse onların vücutları hakkında bizden daha fazlasını bilmiyor. Bu sizi hastalık hastası yapmaz. Sağlığımız sahip olduğumuz en değerli varlığımızdır ve öyle kalacaktır. Bu nedenle bunlara özellikle dikkat etmeliyiz.

Psikiyatriste her şeyi açıklamadım. Eğer gerçekten tüm sorularına tam olarak cevap vermiş olsaydım, şu anda hala orada oturuyor olurdum. Muhtemelen şimdi her şeye dürüstçe cevap vermemiş olmamın, ne anlama geldiğini merak ediyorsunuz. Belki haklılar ama ben bu psikiyatristi ilk defa görüyordum. Psikoterapistimle ilk randevumda her şeyi hemen açıklamadım. Sonuçta öncelikle bir güven ilişkisinin kurulması gerekiyordu. Bu ancak onunla yapılan birkaç seanstan sonra gerçekleşti. Bu yüzden ailem ve geçmişim hakkındaki her şeyi psikiyatriste açıklayamadım ve açıklamak istemedim. Yaklaşık 10 yıldır psikoterapötik tedavi görüyorum ve almaya devam edeceğim. Terapistime güvenim tam. Artık oraya her hafta değil, yalnızca 14 günde bir gidiyorum. Terapi benim için önemli, çünkü geçmişten gelen, henüz dile getirilmemiş, ele alınmamış şeyler var. Ancak artık geçmişte değil, burada ve şimdi yaşadığımız için, günlük yaşamda ya anlamadığınız, sizi strese sokan ya da bunlarla nasıl başa çıkacağınızı, nasıl başa çıkacağınızı bilmediğiniz şeyler olmaya devam ediyor.

Psikoterapinin her soruna nihai çözüm olduğunu düşünmek yanlış olur. Bu beklentiyle psikoterapiye giden zaten kaybetmiştir. En iyi ihtimalle psikoterapi sorunları çözmenin anahtarı olabilir. Zaman bir diğer çok önemli faktördür. Çünkü en iyi ihtimalle başarıya ulaşmak zaman alır. Bir diğer faktör ise, terapinin sürdürülmesindeki süreklilktir. Çoğu zaman sorunlarınız hakkında konuşmak için terapiye gitmek istemezsiniz. Şimdi başka bir şey yapmayı tercih edersin. Ve eğer gidersen dersin sonunda geldiğine sevineceksin. En azından bende çoğu zaman olan şey bu. Bir şeyin değişmesini istiyorsanız, gerçekten oldukça fazla öz disiplin gerektirir. Ve her şeyin en iyi ihtimalle değişeceği gerçeğine hazırlıklı olmalısınız. 10 yıllık psikoterapi sonrasında artık değiştiğimi söyleyebilirim. Bazen o kadar ki, çevremdekilerin bir kısmı bununla baş edemiyor ya da öyle düşünmüyor. Kendi adıma, sağlık durumuma uygun olarak artık daha mutlu bir hayat sürüyorum. Mesela artık önce kendimi düşünüyorum, eskisi gibi önce herkesi düşünmüyorum. Hâlâ yardımsever bir insanım ama artık kendimi unutmuyorum. Terapiden önce her şey tamamen farklıydı. Yardıma ihtiyaç duyulan yerde herkesin yardım etmesi için oradaydım ve ben de yol kenarına düştüm. Terapide bazen hayır demeyi öğrendim. İlk başta bu benim için çok zordu ama zamanla öğrendim. Çevremdeki bazı insanlar hâlâ onların yanında olduğumu, ancak artık koşulsuz olarak orada olmadığımı öğrenmek zorunda kaldılar. Bana iyi gelmeyen her şeyden uzak durmaya çalışıyorum. Ayrıca, diğer insanların benden beklentilerine uymasa da kendim olmayı öğrendim. Kendi fikrimin olmasını ve onu temsil etmeyi öğrendim. Ama benim açımdan olumlu olan bu değişikliklerin sonuçları da var. Artık eski çevremden pek çok insanla anlaşamıyorum. Onlara göre değişmeden önce ben sadece kolay bakılan Yasemin'dim. Artık öyle değilim, bu yüzden birçok insan benden yüz çevirdi. İlk başta beni çok üzdü. Ama sonra, onların aslında gerçek arkadaş olmadıklarını anladım. Çünkü gerçek arkadaşlar seni olduğun gibi kabul ederler. Tüm kusurları ve kusurlarıyla. Arkadaşlığı oluşturan da tam olarak budur.

Eskiden yakın çevremde olan insan sayısı ciddi oranda azaldı, ama genel olarak artık daha dengeli ve mutluyum. Artık yeniden bir kişiliğim var ve özgüvenimi kazandım. Bu yüzden herkese sadece hayatını yaşamasını ve her zaman kendin olmasını tavsiye edebilirim. Başkalarının kabulünü kazanmak için, onların fikir ve beklentilerine göre yaşamaz.

"Kendin ol, çünkü senin sadece bu tek hayatın var. Başkaları için harcamayın."

Psikiyatristle konuşmam bittiğinde, doktorun muayenehanesinden çıkıyorum ve hemen beni bekleyen Frank'ı görüyorum. Onu gördüğüme ve yanımda olduğuna çok sevindim. Nerede olursam olayım kendimi evimdeymiş gibi hissettiriyor.

Odama dönmeden önce, kafeteryaya kısa bir gezi yapıp, lezzetli bir Cappuccino içiyoruz. Psikiyatristle randevumdan sonra artık bir değişikliğe ihtiyacım var. Artık gerçekten eve dönme zamanım geldi. Hastanedeki bu koku, çevremdeki bütün hastalar ve yapılan tetkikler beni rahatlatmıyor, tam tersini yapıyor. Beni gerçekten hasta ediyorlar.

Ama Profesör Zimmermann bana söz vermişti ve sözünü tutuyor. Hafta sonu eve gidebilirim. Tanrıya şükür! Hafta sonunu hastanede geçirmek zorunda kalacağımdan endişeleniyordum. Ancak hafta sonu hastanede herhangi bir test yapılmadığı ve ben sadece onlar için burada olduğum için burada kalmamın hiçbir anlamı yok. Cappuccino son yudumunu bitiriyorum. Daha sonra odama doğru yol alıyoruz. Oraya varır varmaz, koğuş ablası beni durdurdu ve yemekten sonra kendisiyle iletişime geçmek istediğimi söyledi. Daha sonra iki sınav daha yapılacaktı. Soruşturma maratonu belirleyici aşamasına giriyor.

Parkinsonmittel Parkinson ilaçı

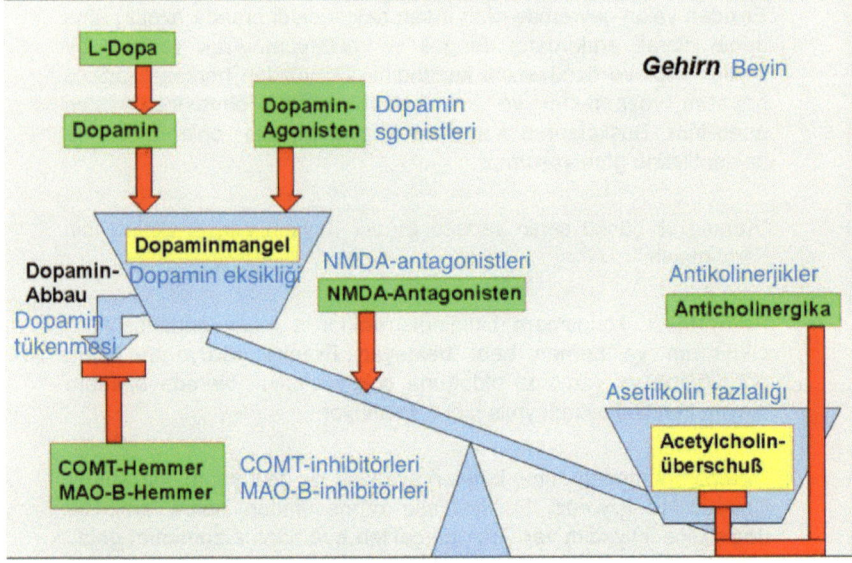

Levodopa testi bir sıvı içmenizi gerektirir. Sıvı alımından önce ve yaklaşık 45-60 dakika sonra, doktor bir test kullanarak motor becerilerinizi değerlendirecektir. Bu test genellikle levodopaya verilen yanıt konusunda belirsizlik varsa veya A-tipik Parkinson sendromunu düşündüren semptomlarınız varsa yapılır. Levodopa testinde büyük miktarda tek doz levodopa uygulanır. Aktif madde olan levodopa, beyindeki nörotransmitter dopaminin öncüsüdür ve yalnızca beyinde etkili dopamine dönüştürülür. Dopamin beyinde, özellikle motor becerilerin kontrolünden sorumlu olan sinir hücreleri arasındaki sinyalleri iletmek için kullanılır. Dopamin denilen madde orta beyinde bulunur ve bu bölgede dopamin üreten sinir hücreleri öldüğünde, Parkinson hastalığı ortaya çıkar.

Akşam yemeğinden hemşire yanına gidiyorum. Benden odaya geri dönmemi ve orada kalmamı istiyor, çünkü yaklaşan dopamin testi var. Odama dönüyorum, yatağımda rahat ediyorum ve telefonumdaki mesajları kontrol ediyorum. Yarım saat sonra odaya bir doktor geliyor ve yatağıma yöneliyor. Henüz onunla bu zevki yaşamadım. Bir sandalye alıyor, yatakta yanıma oturuyor ve bana bundan sonra ne olacağını ve bunun hangi amaca hizmet etmesi gerektiğini ayrıntılı olarak anlatmaya başlıyor.

Doktor bana her şeyi anlattıktan sonra, içkiyi almak için kısa bir süre odadan çıktı. Sadece bu içeceğin tadının tuzlu olmadığını ve tekrar içmeye aşırı düşkün olduğumu, bunun da kusmamla sonuçlanacağını umuyorum. İçimdeki gerilim her geçen saniye artıyor. Doktor geri geliyor. Elinde bir bardak var, onu bana uzatıyor ve çabuk boşaltmamı istiyor. Bardağı alıyorum ama önce, koklayıp bir yudum alıyorum. Tadı tuzlu değil. Tanrıya şükür! Doktorun isteği üzerine, bardağı tek seferde boşalttım. Ne kadar mutluyum. İçeceğin tadının tuzlu olmadığını fark ettiğimde, benden ne kadar büyük bir taşın düştüğünü hayal bile edemezsiniz.

Şimdi 45-60 dakika beklemeniz gerekiyor. Doktor bu seferlik odadan çıkıyor. Gerginlik çoktan bedenimden kaçmıştı. Şimdi bu testin neyi ortaya çıkaracağını merak ediyorum. Bir değişiklik fark edecek miyim veya etmeyecekmiyim? Hala tam olarak hayal edemiyorum.

Bu arada kızım ve annem de yanıma geldi. Biz böyle konuşurken, bir anda konuşmanın benim için ne kadar kolay olduğunu fark ediyorum; Uzun süre düşünmeme veya kelime aramama gerek yok. Kelimeler ağzımdan kendiliğinden akıyor. İlk başta bunun sadece benim hayal ürünüm olabileceğini düşündüm. Ama hem kızım hem de annem bunu fark edip bana doğruluyorlar. Bunun nasıl bir duygu olduğunu hayal bile edemezsiniz. Keşke Frank şimdi burada olsaydı ve mutluluğumu paylaşabilseydi ve gerçekleşen neşeli şeyleri görebilseydi veya duyabilseydi. Kafamda sağlıklı bir his var. Aniden her şey yeniden çok net geliyor. Sadece suskunum ve çok mutluyum. Etkileri geçince, acilen doktora içkiyi tekrar içmek istediğimi söylemem gerekiyor. Uzun zamandır sadece sol elimde titreme ve yürüme güçlüğü ile birlikte bir titreme de yaşamıyorum. Ayrıca konuşmakta giderek zorlanıyorum. Bazen doğru kelimeleri bulmaya, mantıklı cümleler söylemeye o kadar yoğunlaşmam gerekiyor ki, kısa bir süre sonra kafam yoruluyor ve sanki bütün gün çalışmış gibi bitkin oluyorum. O zaman sanki kafam vücudumun geri kalanına ait değilmiş gibi geliyor çünkü vücudum hala performans gösterebiliyor. Kafam ve vücudum artık bir bütün oluşturmuyor. Bir de şöyle bir söz vardır: "Baş istekli, beden zayıftır". Benim için durum tam tersi. Vücudum istekli ama kafam zayıf. Zaman doldu ve doktor geri döndü. Bende bir değişiklik olduğunu hemen fark ediyor. Bunu kanıtlamak için, benden bazı nörolojik egzersizler yapmamı istiyor. Burada da egzersizlerin benim için eskisinden çok daha kolay olduğunu hemen fark ediyorum. Konsantre olmam gerekmiyor. Bu artık kendi kendine oluyor. Yürümek benim için yine kolay. Sanki dünyadaki en kolay şeymiş gibi, bir ayağımı diğerinin önüne koyuyorum ki, bu genellikle böyledi.

Alıştırmalar bitti ve benden birkaç soruya daha cevap vermemi istedi. Doktor da ona cevap verdiğimde konuşmamın eskisinden çok daha akıcı olduğunu fark ediyor. Her şeyi bir tür ölçeğe yazıyor ve bu daha sonra tüm testleri değerlendirmek için gerekli. Ondan sonra, Profesör Zimmermann'ın sonuçları ve ileri tedaviyi yarın ben taburcu edilmeden önce ben ve Frank ile görüşeceğini öğrendim. Vedalaşıp odadan çıkıyor. Kızım ve annem de artık gittiler. Hastaneyi sevmeyen kızım burada daha fazla dayanamadı.

Ve şimdi odada yalnızım. Yatak arkadaşım da bir süredir muayenelerden geçiyor.

Sınavın üzerinden neredeyse bir saat geçti. Tuvalete gitmem gerekiyor ve yataktan kalktığımda, her şeyin yine farklı olduğunu hemen fark ediyorum. Hareketler benim için yine zorlaşıyor. Yürürken tekrar çaba göstermem gerekiyor. Ve bir saat sonra etki tamamen ortadan kalkıyor. Sınavdan önceki haline geri dönüyor. Bu kadar kısa bir süre sonra, bu mutluluk duygusunun kaybolması beni biraz üzüyor. Yarın Profesör Zimmermann ile görüşmemde mutlaka ilacı tekrar almamı isteyeceğim. Kapı çalındı ve Frank odaya girdi. Biraz depresyonda olduğumu hemen fark etti.

Ona olanları anlattım ve o orada olamayacağı için ya da etkisinin bu kadar çabuk geçmesi nedeniyle üzüldü. Beni kollarına alıp sıkıyor. Kendisi de yarın Profesör Zimmermann'la yapacağımız son görüşmede bu konuyu tartışacağımız görüşünde. Bu gün benim için 8 saatlik bir iş günü kadar yorucu ve olaylıydı. Önce psikiyatristle o sinir bozucu konuşma, sonra da levodopa testi. Bugünlük bu benim için yeterliydi. İlk önce kafamın bunu işlemesi gerekiyor. Sakinleşmem lazım. Frank artık yalnız kalmak istediğimi fark ediyor ve bana bir öpücükle veda ediyor. Hiçbir şey söylememe gerek kalmadan içimde neler olup bittiğini, her zaman tam olarak biliyor. Onu bu yüzden ve elbette kendisi için de sonsuz seviyorum. Akşam yemeğine kadar biraz dinlenmek için gözlerimi kapatmaya karar veriyorum. Yatak arkadaşım şimdi muayenelerden döndü. Ayrıca yatağında tamamen dümdüz yatıyor ve onun yönünden hafif bir horlama duyulabiliyor. Tek başıma olmak ama yalnız olmamak şu an ihtiyacım olan şey.

Akşam yemeğinden sonra, uyumadan hemen önce evi arıyorum. Frank bana kızımızla birlikte McDonald's'ta olduğunu ve birlikte DVD izlediklerini söyledi. Kendi adıma kesinlikle başka bir aksiyon filmi diye düşünüyorum. İkisi de böyle filmleri seviyor. Birbirimize iyi geceler diliyoruz ve Frank bana yarın eve döndüğümde mutlu olacağını söylüyor. Bunu karşılıklı "Seni seviyorum" ve bir öpücük veriyor. Sonra telefonu kapatıyorum. Bugünlük bu kadar olmalı. Saat henüz 21.00 ama uyumaya karar verdim. Çocukken bile erken yatarsam ertesi güne kadar zamanın daha hızlı geçeceğini düşünürdüm. Bugünkü düşüncelerim de öyle. Şimdi hemen uykuya dalacağım, sonra yarın olacak ve tekrar eve dönebileceğim.

Bölüm 21

"Gerçeğin saati Yaklaşıyor"

Uyandığımda saat sabahın 6'sıydı. Yatak arkadaşım hâlâ güzel bir şekilde horluyor. Tamamen uyandığım ve uzun zamandır olmadığım kadar dinç hissediyorum. Üstelik önceki gece çok az uyumuş olmama rağmen. Komşumun hâlâ uyuyor olmasından yararlanıp duş almak için, banyoya giriyorum. Su jetleri içimdeki son ruhları uyandırıyor. Sonra giyiniyorum, biraz makyaj yapıyorum ve çantamı hazırlıyorum. Şu anda saat sabah 7.30 ve ben yatağımda oturuyorum ve bitkin bir halde kahvaltı ediyorum.

Çantam tamamen doludur ve yatağın yanında duruyor. Şu anda, evime dönebilmem için, hala üzerimde bekleyen her şeyi mümkün olduğu kadar, çabuk almaktan daha çok istediğim bir şey yok. Kapı çalındığında bu düşünce zar zor düşünülmüştü. Dileğim bu kadar çabuk gerçekleşecek mi? Aynı zamanda mutlu ve heyecanlıyım. Kapı açılıyor ve içeri en büyük kabusum giriyor. Sevincim sabun köpüğü gibi patlıyor ve bir anda nefrete dönüşüyor. Yatağımın önünde beyazlar içindeki tanrıdan ve onun arkasında da beyaz koyun ordusundan başkası durmuyor. Sakin kalmaya çalışıyorum ve bugün bana söyleyeceklerini tekrar duymak için sabırsızlanıyorum. Bazen, özellikle de şu anda, kendinizi kontrol altında tutmanın ne kadar zor olduğunu bilemezsiniz. "Günaydın Bayan Aicher. Umarım iyisinizdir. Özellikle bugün tekrar eve dönebilecekler ve onlar için iyi bir haberim var. Tamam, kendi kendime düşündüm, ondan gelen, üzülebileceğim kötü bir şey olamaz. İyi haberle neyi kastettiğini merak ediyordum. Uzun süre beklemek zorunda kalmamam gerekiyor. Elbette ona ve selamıma kibarca karşılık veren koyunlarına da günaydınlar diledim.

"Artık son demans testi dışında, tüm tetkikleriniz tamamlandığına göre artık ne demans, ne de Parkinson hastası olduğunuzun müjdesini verebilirim. Sahip oldukları sınırlamalar, şiddetli bir depresyon türünden muzdarip olmalarından kaynaklanıyor."

"Şimdi sizi doğru anladım mı? "Demans ya da Parkinson hastası olup bunun yerine şiddetli bir depresyona mı yakalanmalıyım?"

"Evet doğru. Aynen öyle."

"Peki bazı testlerde beynimde tespit edilen değişiklikler nelerdir? Bu değişiklikler bir neden olamaz (beyin atrofisi, beyindeki gri sinir hücrelerinin veya beyaz maddenin kademeli olarak kaybının eşlik ettiği bir beyin hastalığıdır), çünkü dedikleri gibi, şiddetli bir depresyon türünden muzdaripim." Profesör Zimmermann'ın MRI taramaları bana ön bölgede ve sol tarafta beyin maddesinin hacminin azaldığı bölgelerini gösterdi. Buna göre, iç ve dış beyin omurilik sıvısı boşlukları genişletildi/genişletiliyor. Öyle kısa ve öz bir şekilde ifade etmiş ki, beynimin küçüldüğünü resimlerden net bir şekilde görebiliyorsunuz.

"Ayrıca, iddia ettikleri gibi depresyonun şiddetli bir biçiminin, hareketlerde yavaşlama, kaslarda sertlik, titreme gibi hareket bozukluklarına yol açabileceğini hayal etmek benim için zor. Ya da iç ritminiz bozulur ve bir trafik ışığında durursunuz, yeşile döner, gitmek istersiniz ama vücudunuz grevdedir. Tüm bunların şiddetli bir depresyonun sonucu mu olması gerekiyor?"

Kanımın giderek daha fazla kaynadığını fark ediyorum ve içimden, bedenimden kurtulmadan önce, kendimi ne kadar daha kontrol edebileceğimi soruyorum. Kendini tanrı ilan eden kişinin henüz sözümü kesmemesine şaşırdım.

"Elbette, bir şey hakkında daha stresli veya aşırı derecede üzgün olduğumda, depresyona girme eğiliminde olduğumu fark ettim. Daha sonra semptomlarım ve kısıtlamalar artıyor. Ama bunu kesinlikle öğrenimleri sırasında öğrendiniz, değil mi?"

Şu anda beyazlar içindeki tanrı ile konuşma şeklimin pek de incelikli bir yol olmadığının zaten farkındayım. Ancak inanılmaz açıklamasına tepki geldi. Ve sonrasında gerçekte ne hissettiğimi düşünürsek, bu yine de son derece insaniydi. Eğer onun açıklaması gerçeğe uygun olsaydı, bundan memnun olmayacağım bir durum değil. Ancak az önce yaptığı açıklama, Profesör Zimmermann'ın bana söyledikleriyle çelişiyor ve üzerimde yapılan tüm testleri ve sonuçlarını sorgulatıyor. Bunun aşağı yukarı Profesör Haut'un diğer doktorların az çok aptal olduğunu düşünmesinden başka bir anlamı yok. Ona levodopat testinin neden bu kadar olumlu bir etki yarattığını soruyorum, çünkü aniden hiçbir bilişsel bozukluk yaşamadım. Bunu sadece ben değil, kızım ve annem de fark etti. Profesör Haut'un teşhis ettiği şiddetli depresyonun aniden ortadan kaybolmasından levodopat testi sorumlu olamaz.

Aha, şimdi muhtemelen onun şerefine saldırdım, çünkü bana karşı ses tonu daha sert bir tona bürünüyor. Teni domatese benziyor.

Bayan Aicher, elbette siz de bir şeyi hayal edebilirsiniz ve durumun gerçekten böyle olduğuna o kadar kesin bir şekilde ikna olabilirsiniz . Hayal gücünün de bir rolü var, levodopat testi sonrasında, sizde oluşan değişimi bu şekilde açıklamak istiyorum. Hayal gücü birçok şey yapabilir. Ve onların durumunda levodopa onlara yardımcı oldu."

O bana bunu söylerken bile kendi kendime, bir kez olsun onunla aynı fikirde olmam gerektiğini düşünüyorum. Kendisinin beyazlar içinde bir tanrı olduğunu hayal ediyor, bu da onun kibirli olduğu ve kendisinin yanılmaz olduğuna inandığı etkisine sahiptir.

Ancak henüz uygulamayı tamamlamadı.

"Ama levodopanın üzerinizde olumlu etkisi olduğunu düşünüyorsanız, size reçete yazarım. Bununla bir sorunum yok. Size gelecekleri için en iyisini diliyorum."

Konuştu ve beni yatak arkadaşıma dönmem için şaşkın gözlerle bıraktı. Onun bu açıklamaları beni o kadar şaşırttı ki, ona hiçbir şey söyleyemedim. Şimdilik bunu kafama takmam gerekiyordu. Eğer onu doğru anladıysam, gerçekten de tüm bunları hayal ettiğimi söyledi! Şu anda kafamın içinde tam bir kaos var ve keşke Frank şu anda burada olsaydı. Artık bu odadan çıkmam lazım. O kendini beğenmiş delikten uzaklaş. Tam yatağımdan kalkarken, o benden önce geliyor ve kuzularıyla odadan çıkıyor. Ve şimdi içimden patlıyor. Gözyaşları akmaya başlıyor. Tam o sırada kapı çalıyor ve Frank odaya giriyor. Beni yatakta oturup ağlarken gördüğünde, ilk başta korkuyor çünkü kesinlikle kötü bir şey olduğunu düşünüyor. Doğruca yatağıma geliyor, beni kollarına alıyor ve ne olduğunu soruyor. Şu anda bir şey söyleyecek durumda değilim; bu yüzden yatak arkadaşım onu bir anlığına ilgi odağı haline getiriyor. Ondan duydukları karşısında sadece başını salladı ve beni sakinleştirmeye çalıştı. Benimle sakin bir şekilde konuşuyor ve Profesör Zimmermann'ı aramak için, ağlamayı bırakmamı istiyor. Ben biraz sakinleştikten sonra, Frank odadan çıkıp koğuş hemşiresine Profesör Zimmermann hakkında sorular sordu. Son röportajı bizimle yapmak istedi. Meslektaşının söyledikleriyle de kesinlikle ilgilenecektir. Hemşire Frank'ten biraz sabırlı olmasını ister çünkü profesör diğer konularla ilgili olarak hâlâ evde olmayacaktır. Ama ona ulaştığında hemen bize haber vericektir.

Frank geri geliyor ve kısa bir rapor veriyor. Yanıma yatağa oturup başımı okşuyor. Şimdi kendimi biraz daha iyi hissediyorum.

Ağlamam kesildi. Burnumu sümkürüyorum ve kapı çalındığında, gözyaşlarıyla lekelenen yüzümü tazelemek için, banyoya gitmek istiyorum. İçeri giren Profesör Zimmermann değil, beyaz önlüklü genç bir bayandır. Bana kendini tanıtıyor ve benimle birlikte demans testini yapmak istediğini söylüyor. Ancak bunu benimle başka bir odada, rahatsız edilmeden yapmak istiyor. Kocamın benimle gelip gelemeyeceğini soruyorum. Ondan rahatsız olmamam umrunda değil. Ondan hiçbir zaman rahatsız olmadığım ve hâlâ ondan saklayacak bir şeyim olduğu için, o da benimle geliyor. Bu sefer nasıl bir test olduğunu görmek beni heyecanlandırıyor. Geçtiğimiz birkaç hafta içinde, bunlardan birkaçını zaten yapmıştım, bunların 6'sı tamamen aynıydı. Öğrenciyle birlikte küçük bir masaya oturuyorum. Frank bizden biraz uzakta oturuyor. Önümdeki masada bazı kağıtlar var. Masada da öğrencinin önünde. Elinde bir kronometre tutuyor. Sonrasını bana açıklıyor. Çok arkadaş canlısı ama bana biraz güvensiz görünüyor. Ben de ona karşı arkadaşça ve açık davranıyorum ki, o da bana karşı olan güvensizliklerini aşabilsin. Sonra başlıyor. Bana yaşımı, doğum tarihimi, bugünün tarihini vs. soruyor. 4 gündür burada olduğum ve bunun günlük yaşantımla hiçbir alakası olmadığı için, zamanın nasıl algılandığını biraz kaybettim, dolayısıyla bugünün tarihini hatırlamıyorum. Ama bunu unutkanlığıma bağlamıyorum. Çünkü bu her zaman örneğin tatilde, gözlemleyebildiğim bir olgudur. Birkaç gün sonra artık hangi tarih olduğunu bilmiyordum. Öyle olsun. Test devam ediyor ve daha önce farklı nörologlarla yaklaşık 5 kez yaptığım testin aynısı yine aynıdır.

Yani soruları neredeyse ezbere biliyorum. Ben de genç bunu öğrenciye söylüyorum. Bir sonraki soruyla, bunu ona kanıtlayana kadar, bana inanamayarak bakıyor. Bunu bana sormamanı rica ediyorum. Bunun yerine ona bundan sonra, hangi sorunun geleceğini söylüyorum. Bingo! Şimdi şaşkınlığı daha da arttı ve bana bu testi daha önce yapıp yapmadığımı sordu. Evet diyorum ve ona bunu daha önce 5 kez yaptığımı söylüyorum. Ona henüz bilmediğim başka bir test yapsam daha iyi olmaz mı diye soruyorum. Çünkü soruların neredeyse tamamını değil, cevaplarını da ezbere biliyorum. Yani mevcut hafıza durumumu belirlemek aslında imkansız. Ancak soruma hayır diyor ve testin ancak daha önce yapılanlarla karşılaştırıldığında doğru değerlendirilebileceğini söyleyerek bunu haklı çıkarıyor. Defalarca aynı test yapılsa ve hasta bunu zaten bilse bile, yine de demansın daha da ilerleyip ilerlemediği konusunda bilgi verir. Bana ne söylediğini anladım ama anlamını ve amacını anlamıyorum. Yine de kendimi farklı hissetsem bile sakin kalıyorum. Elbette demans hastası bir kişi zamanla ezberlediklerini kaybedebilir. Zor bir sınav olması gerektiğini söylemiyorum. Sadece diğer soruların ve görevlerin aynı yoğunlukta sorulması gerekir ki, ciddi bir teşhis veya değerlendirme yapılabilsin diye düşünüyorum. Bu test, halihazırda yapılmış olan diğer testlere ek olarak sadece bir başka bileşendir. Profesör Zimmermann'la yaptığım son konuşmada, aynı demans testi hakkında bilgi sahibi olmadığımı bir kez daha teyit edebilirim.

Yaklaşık bir saat sonra test bitiyor. Öğrenci bana teşekkür ediyor ve gelecekte başarılar diliyor.

Frank ve ben odaya geri dönüyoruz. Oraya vardığımızda bir hemşire bizi karşıladı ve Profesör Zimmermann'ın bizi ofisinde beklediğini söyledi. İçimdeki gerilimin dramatik bir şekilde arttığını fark ediyorum. Frank bunu hemen fark etti, çünkü elim giderek daha fazla seğiriyor ve titriyordu ve onu biraz daha sıkı kavradı. Profesör Zimmermann'ın ofisi aynı katta ve yaklaşık 20 saniye sonra oraya vardık. Ofisin kapısı açık, profesör bizi fark ettiğinde, masasının arkasından ayağa kalkıp, yanımıza geliyor ve bizi içeri davet ediyor. Kapıyı arkamızdan kapatıyor ve oturmamızı istiyor. Aslında şu anda eksik olan tek şey bir fincan kahve ve bir parça kek, çünkü buradaki atmosfer neredeyse evimiz gibi.

Bize gülümsüyor ve bana nasıl olduğumu ve nasıl hissettiğimi soruyor. Küçük bir sohbet yapıyoruz ve bunun hakkında konuşuyoruz. Konuya hemen girmemek konusunda iyi bir iş çıkarıyor, bu da gerginliğimi ortadan kaldırıyor. Hassasiyeti olan bir doktor. Ne yazık ki günümüzde bu pek sık olmuyor.

Kendisi artık bizimle son 4 gün ve yapılan tetkikler hakkında konuşmak istediği için, kendisini biraz dinlememizi istiyor ve soracak bir şey anlayıp anlamadığımızı soruyor. Çünkü onaylanmamak günlük hayatımızın bir parçası olduğundan bu tamamen normal olurdu.

"Dünya kadar vaktimiz var. Bugünlük son hastamsınız. Bundan sonra benim için de hafta sonu tatili. Ayrıca şu anda tartıştığımız her şeyin ve son 4 gün içinde yapılanların ayrıntılarını içeren bir raporu da anında alacaksınız. Ve eğer evde hala sorularınız olduğunu fark ederseniz, lütfen beni arayın. Beni doğrudan hatta bağlayacaklarına dair onlara söz veremem. Ama sekreterim genellikle bana mesaj bırakır. Daha sonra sizi mümkün olan en kısa sürede geri arayacağım."

Frank başını salladı ve teşekkür etti. Bu sırada profesör tıbbi dosyamı çıkardı, açtı ve bize sonuçları anlatmaya başladı. Arada sırada her şeyin bu noktaya gelip gelmediğini soruyor. Onayladığımız şey anlaşılabilir. Şu anda bilmek istediğim tek şey, demans ve Parkinson hastası olup olmadığımı. Ben de ona bunu söylüyorum. Bir an duruyor, arkasına yaslanıyor ve ciddi bir ifadeyle bana bakıyor. Ve o söylemese de, ne söyleyeceğini zaten biliyorum. Kısa bir süre sonra şüphelerimi doğruladı.

"Evet maalesef size daha iyi bir haber veremem. Hem demans hem de Parkinson hâlâ erken evrede olduğundan, uygun tedaviyle ilerlemesi yavaşlatılabilir. En iyi senaryoda her ikisi de bir şekilde durdurulabilir."

Profesör, mevcut test sonuçlarına göre, bize her şeyi adım adım çok anlaşılır ve yavaş bir şekilde açıklıyor. Sorun profesörde değil, beynde. Artık neredeyse zahmetsizce özümsenebilen ve anlaşılabilen şey, çeyrek saat sonra kafamda kaybolabiliyor veya unutulabiliyor. Uzun zamandır aklımda olan bir durum. Bu yüzden Frank son randevularda hep yanımdaydı. Adeta beynim ya da benim için ek bir depolama kapasitesi.

Bazen, özellikle de şu anda, kendimi profesörle konuşurken, sonradan unutmuş olabileceğim şeyleri düşünürken buluyorum. Şimdi dur, diyorum kendi kendime. Burada ve şimdi konuşmaya konsantre olmalısın. Belki de profesörün yorumlarıyla ilgili hâlâ sorularım var. Ben eskiden ve hala da sorgulayıcı ve dolayısıyla çok şey soran bir insanım. Bu, ailemin çok erken yaşta bana aşılamaya çalıştığı bir şey. Babam bana her zaman aptalca sorular yoktur, sadece aptalca cevaplar vardır, derdi. Bir şeyi anlamayan ve soru sormayan kişi aptaldır. Bu nedenle, her şeyi anlayabilmem için, yeniden konuşmaya odaklanın veya anlayamıyorsam tekrar sor. Profesör şu anda bize kafamın ya da beynimin görüntülerini gösteriyor. Orada gördüklerim bana hemen sosisimi veya etimi dilimlediğim bir kasap dükkânını hatırlatıyor. Beynim resimlerde böyle görünüyor. Bu, hangi alanlarda daha fazla radyo sessizliğinin olduğunu görmeyi kolaylaştırmak için yapılır. Ön alın bölgem ve şakaklarım etkilendi. Bu bölgelerde neredeyse radyo sessizliği var, bu da frontotemporal demansı gösteriyor. Daha iyi anlaşılması için, bize sağlıklı bir beynin karşılaştırmalı resimlerini gösteriyor. Meslekten olmayan biri bile farkı kolaylıkla görebiliyor. Artık beynimin hangi alanlarda gerilemeye başladığını çok net görebiliyorum. Daha önce şüphelenildiği gibi bunlar ön alın bölgesi ve yan temporal loblardır. Profesöre demansın nasıl ortaya çıkabileceğini soruyorum.

Arkasına yaslanıp açıklamaya başlıyor:

"Maalesef çoğu durumda bunun nasıl gerçekleştiğini açıklamak hala mümkün değil. Bildiğimiz şey, demansın belirli genlerdeki değişiklikler (mutasyonlar) tarafından tetiklenebileceğidir."

Harika, diye düşünüyorum kendi kendime. Yani artık benim de genetik bir kusurum var. Bir yıl önce ailesel Akdeniz ateşi teşhisi konuldu bana. Muhtemelen tek bir genetik bozukluk. Ancak bu artık değiştirilemez. Bu benim bir parçam ve onunla yaşamak zorundayım. Sorunsuz bir hayat yaşamaya devam etmek için, ancak bir sorunu fark ettiğinizde bu konuda bir şeyler yapabilirsiniz. Ya da en azından olduğu kadar iyi. Her halükarda, bu hastalığın hayatıma hakim olmayacağına burada ve şu anda zaten karar verdim. Kendimin ve bedenimin efendisi olmaya devam etmek ve öyle kalmak için her şeyi yapacağım. Düşüncelerimin arka planında sesler duyuyorum. Bunlar kocamın ve profesörün. O halde konuşmaya geri dönelim. Şimdi yeniden konuşmaya konsantre olmaya ve bir daha dalıp gitmemeye çalışıyorum. Frank'in profesöre bazı soruları olmalı. Tam olarak ne olduklarını söyleyemem. Ayrıca artık işime yaramayan bir şey. İki şeyi aynı anda yapmak benim için kolaydı. Evimi temizlerken aynı zamanda telefon görüşmesi de yapabildim. Benim için her şeyin olabildiğince çabuk yapılması gerekiyordu. Ayrıca karakterlerimden biri. Arkadaşlarım ve ailem tarafından bu özelliğimle tanınıyordum. Benim için bu her zaman kaynakların en uygun kullanımıydı.

Artık yönetemediğim ve kabul etmekte zorlandığım bir şeydir. Ama söylendiği gibi: Zamanı gelince, yol gösterici geliyor.

Ne yazık ki, demans hala tedavi edilemiyor. Ancak demansın ilerlemesini yavaşlatan çeşitli tedavi biçimleri vardır veya yavaşlayabilir. Buna ilaç tedavisinin yanı sıra sanat terapisi, mesleki terapi, konuşma terapisi, nörofizyoterapi veya dans ve müzik terapisi gibi, çeşitli terapi biçimleri de dahildir. Benim durumumda profesör, halihazırda görmekte olduğum psikoterapiye kesinlikle devam etmemi önerdi. Böyle bir teşhisin ardından, pek çok kişi derin bir çukura düşer ve depresyona girer. Ama profesörün tavsiyesi olmasa bile, psikoterapiyi gitmemi devam ederdim. Sırf bu nedenle bile, psikoterapiye haklı çıkaracak o kadar çok sorunum var ki. Son birkaç haftadır, strese girdiğimde ya da ailemle ya da ailemde, şiddetli deneyimler yaşandığında, belirtilerimin arttığını tekrar tekrar fark ettim. Psikoterapinin bu zor aşamalarda bana çok faydası olmuştu. Elbette Frank beni birçok şeyden kurtarıyor ve birçok şeyin üstesinden gelme gücü veriyor. Ama o sadece bir insandır ve zihinsel bir çöplük değildir. Terapistim olayları daha iyi işlemem için, bana çok yardımcı oluyor. Ayrıca hayata karşı tutumumu temelden değiştirmenin ve sonunda kendimi düşünmenin zamanının geldiğini bana açıkça belirtiyor. Bir şeyi değiştirmeniz gerektiğini bilmek önemlidir. Ama uygulama farklıdır. Bu değişikliği gerçekten istemek ve sonra uygulamak aylar, yıllar, çok fazla cesaret ve mutlak irade gerektiriyor.

Birkaç saatlik psikoterapinin işe yarayacağını düşünenler yanılıyor. Bilgisayarda iptal düğmesine bastığınızda, genellikle sorunu çözmüş olursunuz. Kendinden daha fazlasına ihtiyacınız var. Düşünce biçimlerinin, davranış biçimlerinin, bir düşünce meselesinin yeniden gözden geçirilmesi gerekiyor. Bu biraz yeniden doğmak gibi bir şey. 8 yıldır psikoterapi görüyorum ve birçok psikosomatik rehabilitasyon kliniğinin içini gördüm. Ama hâlâ olmak istediğim yerden çok uzaktayım. Bazen "yeni hayatımda" başarılı oluyorum ama bazen de eski davranış kalıplarıma geri dönüyorum. Oradaki yol dik ve taşlık. Zirve hedeftir ve henüz tırmanılmamıştır. Ama yavaş yavaş bu hedefe yaklaşıyorum. Zaten birçok engeli aşmak zorunda kaldım. Hatta bazen birkaç adım geri gitmek veya yoldan sapmak zorunda kalıyordum. Ama en önemli şey şuydu ve öyle de: Hedefi asla gözden kaçırmadım. Hedefe odaklanmıştım ve hala da öyleyim. Eski hayatımı geride bırakmak istiyorum. Güzel ama bir o kadar da zor bir hayattı ve bunu kaçırmak istemiyorum. Ama şimdi burada ve şimdi yaşıyorum. Yaşımız ve demans ilerledikçe iç saatimiz tükeniyor ve önemsiz şeylerle bir saniyemi bile harcamak istemiyorum. Geriye kalan zaman çok kıymetli. Onu güzel şeylerle doldurmak istiyorum. Etrafımı bana yakın olan ve beni olduğum gibi kabul eden insanlarla çevreleyin. Sevgilimle (Frank) dünyayı biraz daha görmek istiyorum. Hayatım için bu değildi. Henüz bitirmedim.

Aslında söylemek istediğim şey, değişimin kolay olmadığı. Bu yolu seçmek çok fazla cesaret ve yardım gerektirir. Psikolojik terapi genellikle bunun için en iyi yardımcıdır. Birçoğu ondan korkuyor. Neyin ortaya çıkabileceği korkusu. Eşim Frank bana güzel bir benzetme yaptı: 100 yıllık bir ev satın alıyorsunuz. Önemli ölçüde yaşlanıyor ve içinde yaşamadan önce çekirdeğin yenilenmesi gerekiyor. Çok fazla çalışma, çok fazla hayal gücü ve yaratıcılık gerekiyor. Ve üzerinde çalıştıkça, sürprizlerle karşılaşmaya devam ediyorsunuz. Bazıları hoş, bazıları hoş değil. Bu şekilde adım, adım hedefinize doğru ilerleyebilirsiniz. Ve bir noktada; haftalar, aylar, belki yıllar sonra, bu durumla karşı karşıya kalırsınız. Bitiğinde ve yeni tasarlanan ortamda yeni hayatınız başlıyor. Yarattıklarınızla gurur duyabilirsiniz. Saatlerce, günlerce, haftalarca, aylarca süren tüm çabalara değiyor. Çoğu zaman vazgeçmenin eşiğine gelmiş olabilirsiniz. Ama sonuçta, bu senin için bir seçenek değildir. Bunu başarmak, kendinizi kanıtlamak ve tüm sıkı çalışmanızın karşılığını almak istiyorsunuz. Tamamlamak !!!

Hayatınızda bir şeyi değiştirmek istiyorsanız veya değiştirmeniz gerekiyorsa, yaklaşımınız da tam olarak bu olmalıdır. Ayrıca bir tür temel yenilemeye de ihtiyacınız vardır. Yeni şeylere yer açmak için, eski davranış kalıplarının ortadan kalkması gerekiyor. Temelde kendinize yeni bir hayat inşa ediyorsunuz. Burada zaman önemli bir faktördür. Çünkü buna çok ihtiyacı vardır. Zaman, dahil olma isteği, hayatınızdaki bir şeyi değiştirme isteği ve güven. Terapiste güvenin. Koşulsuz güven, olmadan işe yaramaz.

Pek çok insan hâlâ psikoterapiye şüpheyle yaklaşıyor. Günlük dilde, bu tür terapiyi yapanların tüm yetenekleri dolapta yoktur ve onlara deli denir. Burada, Almanya'da psikoterapiden yararlanma isteği yavaş yavaş artarken, diğer ülkelerde zaten çok ilerleme kaydettik. Örneğin, büyük şirketlerde, çalışanlarına mümkün olan en iyi desteği sağlamak için, halihazırda yeniden düşünmüş ve kendi terapistlerinden birkaçını işe almıştır. Dünya giderek daha hızlı hareket ediyor ve her şeyde ilerleme durdurulamaz. İnsan olarak üzerimizdeki baskı giderek artıyor. Sonuç olarak ruh sıklıkla acı çeker. Hemen farkına bile varmadan hastalanıyorsunuz. Tanımlanan şirket ve kuruluşlarda, olası aşırı çalışma ve bunun sonucunda ortaya çıkan psikolojik stres önlenerek sorun profilaktik olarak ele alınmaktadır. Çalışanlar mesai saatleri içerisinde, düzenli aralıklarla şirketin kendi psikologlarına gönderilmektedir.

Örnek alınması gereken bir modeldir. Tabii ki, hiç kimse buna zorlanmamalı. Baskı altında başarı şansı çok az olacaktır. Bazen çok fazla ikna etmek gerekiyor. Çoğu zaman, özellikle de böyle bir şeye ihtiyaç duymadıklarını iddia edenlerle. Deneyimlerim bana en çok onların ihtiyaç duyduğunu öğretti. Hayatınızda bir şeyi değiştirmeye hazırsanız, ancak bunu nasıl yapacağınızı bilmiyorsanız, psikolojik yardım olasılığını düşünmelisiniz. Böyle bir terapinin anlamı ve amacı kişi için açık olmalıdır. Her zaman aklınızda bulundurmalısınız:

Hiçbir şeyin olması gerekmiyor ama her şey olabilir".

Bilim adamları, sinir hücrelerinin ölümünün nedeninin, proteinlerin muhtemelen beyin hücrelerinde birikmesi ve onarılamaz hasara yol açabilmesi olduğundan şüpheleniyorlar. Çoğunlukla etkilenen beyin bölgeleri, diğer şeylerin yanı sıra duyguları ve sosyal davranışları da kontrol eder. O zaman, eğer yaramazlık yaparsam, kendi adıma makul bir bahanem olur diye düşünüyorum. Profesörün demans hastalığımı ve başıma gelecekleri anlatırken, cesaret, umut ve rahatlık verdiğini hissediyorum. Bunu nasıl tanıyabilirim? Frontotemporal demansın genellikle olağandışı ve antisosyal davranışlarla tanınabildiğini, ancak hafızanın büyük ölçüde sağlam olduğunu bize açıklıyor. Çoğu zaman hastalığın ruhsal bozukluklarla karıştırılmasının ve belirtilerin erken evrelerde farklılık göstermemesi nedeniyle, tanıyı daha da zorlaştırmasının nedeni budur. Bu aynı zamanda, sinir hücrelerinin öldüğü bölgeye (frontal veya frontal lob) da bağlıdır. Onun beyazlı tanrısı Profesör Haut, bu sabahki ziyareti sırasında, hafızamın hâlâ iddia edilen demans için fazla iyi işlediğini bana inandırmak istedi. Aptal değilim ve bununla ne demek istediğini tam olarak biliyorum. Yani demans ya da Parkinson hastası olmadığımı, bunun sadece benim hayal gücüm olduğunu ve sağlık sorunlarımın şiddetli depresyondan kaynaklandığını.

İçim yeniden kaynamaya başlıyor. Profesör Zimmermann yeniden sinirlendiğimi gözden kaçırmıyor ve benden sakin olmamı istiyor. Sakinleştirici, neredeyse babacan tavrıyla, Profesör Haut ile aramdaki uyumun kesinlikle doğru olmadığını ve gelecekte irtibat kişim olmayacağı için, onunla konuşmaları unutmam gerektiğini açıkladı. Tanrıya şükür, kendi adıma düşünüyorum. Çünkü bu benim kliniği değiştirmem için, geçerli bir neden olurdu. Profesör Zimmermann bize gelecekte irtibat kişimiz olacağını ve Profesör Haut'la tekrar uğraşmak zorunda kalma konusunda endişelenmemize gerek olmadığını açıklıyor.

Daha sonra asıl konumuza devam ediyor. Bize bir kez daha bu hastalığın tedavisinin bulunmadığını ancak semptomları ve günlük yetenekleri iyileştirmeyi veya en azından geçici olarak stabilize etmeyi amaçlayan, bazı tedavi seçeneklerinin bulunduğunu açıklıyor. En iyi senaryoda bu, demansın ilerlemesini yavaşlatabilir, hatta belirli bir süreliğine durdurabilir. Hem ilaçlı hem de ilaçsız tedavi seçenekleri mevcuttur. Demans hastalığımın erken dönemde teşhis edildiğini ve bunun sonucunda çok zaman kazanıldığını özellikle vurguluyor. Ayrıca beni bir savaşçı olarak gördüğünü ve demansın ilerlemesini yavaşlatmak için, elimden gelen her şeyi yapacağımı belirtiyor. Ona %100 katılıyorum. Hayatım boyunca bir savaşçıydım. Doğduğum anda, erken doğdum ve 2 ay erken doğdum, mücadelem başladı. Bu, bugüne kadar hayatım boyunca devam ediyor. Onu her zaman kabul ettim. Vazgeçmek hiçbir zaman benim için bir seçenek olmadı. Her zaman kafamda olanı uygulamaya çalışıyorum. Çünkü pes eden zaten kaybetmiştir. Artık başımı kuma gömmek de benim seçeneğim değil. Hayat bize her zaman nazik davranmaz. Ancak yine de her zaman en iyisini yapmaya çalışabiliriz.

Demansa rağmen, hayatımın hala sevimli ve yaşanmaya değer olmasını sağlamak için, elimden gelen her şeyi yapmayı "İSTİYORUM". Ve yanımda beni destekleyecek birisinin olduğunu biliyorum. Frank ve benim gelecekteki yaşamlarımız için hâlâ pek çok hedefimiz ve planımız var. Belki her şeyi gerçekleştiremeyeceğiz, uygulayamayacağız ama mümkün olduğu kadar deneyeceğiz,

Profesör bize tüm tedavi seçeneklerini gösterip açıkladıktan sonra, bir şey özellikle önemlidir: Benim veya gelecekteki günlük hayatımız bundan sonra farklı olacaktır. Artık yapılandırılmış bir günlük yaşam talep ediyor, çünkü bu bana günlük yönelim konusunda yardımcı olacaktır. Özellikle yemek yeme ve uyku zamanları söz konusu olduğunda, artık düzenli bir ritim gerekiyor. Bu zaten çalıştığım hafta boyunca oldu. Sadece hafta sonları hiçbir zaman planlanmadı. Burada kendimizi sürüklemeye bırakmaktan keyif aldık ve spontane olmayı sevdik. Pazartesiden cumaya sabah 6:30'da kalkmam ve çalışmaya devam ederken, genellikle işyerinde kahvaltı yapmam gerekiyordu. Öğle yemeği molamda saat 13.00 civarında genellikle salata yerim. Akşam yemeği 18.00 ile 19.00 arasındadır. Benim için mükemmel bir ev kocası olan Frank, tüm ev işlerini zaten yaptı ve yiyecekler zaten önceden pişirildi veya büyük ölçüde hazırlandı, bu yüzden tek yapmam gereken, masaya oturmak ve hiçbir şey için endişelenmeme gerek yoktur. Bu, günün sonundan tam anlamıyla keyif alabileceğim anlamına geliyor. 6 yıldır bekar bir ebeveyn olarak yaşadıktan sonra, özellikle keyif aldığım bir durum, şu ana kadar hayatımın her zaman güneşli tarafında olmadım. Ama hayat bana Frank'i gönderdi ve bunun sonucunda güneş benim için yeniden biraz daha parlıyor.

Yemeğin ardından keyifli kısma geçiyoruz. Frank bulaşıklarla ilgilenirken, ben de kanepeye uzanıp, günün olaylarını gözden geçirmek için televizyon izliyorum. Çok kısa bir süre sonra, uykuya dalmam alışılmadık bir durum değil. Genellikle akşam 20.15'te başlayan filmi izleyemiyorum ve bu bazen beni rahatsız ediyor. Hele ki güzel bir filmse. Hafta sonları sabit bir programımız yoktur. Başlangıçta herkes istediği kadar uyur. Daha sonra birlikte kahvaltı ediyoruz. Bizim geleneğimiz olan bir şey. Daha sonra günlük rutinin geri kalanı, kendiliğinden organize ediyoruz. Ancak kızımızla mümkün olduğunca, çok şey yapmaya çalışıyoruz ki, bu hiç de kolay değil, özellikle de ilgi alanlarının bizimkinden giderek farklılaştığı bir yaşta olduğu için. Ama buraya ve şimdiye dönelim. Profesör Zimmermann bize her bir terapi biçiminin anlamını ve önemini kısaca anlattı. Kararım net:

- Konuşma terapisine gidiyorum!!!

- Ben Ergoterapi'ye gideceğim!!!

- Ben psikoterapiye devam edeceğim!!!

- Ben nörofizyoterapiye gideceğim!!!

Bu sinsi hastalığın ilerlemesi arzusunu ortadan kaldıracak her şeyi yapacağım.

Neden konuşma terapisi?

Hem Frank hem de ben son zamanlarda konuşurken veya yazarken, kelime bulmakta zorluk çektiğimi fark ettik. Çünkü kesin olarak kelimeler aklıma gelmezse, onları başka sözcüklerle ifade etmeye çalışırım ve yerine geçecek kelimeleri ararım/kullanırım. Mesela aklıma "bireysel" kelimesi gelmezse "özel" kelimesini kullanırım. Bu sadece kelime bulma zorluklarından bahsederken, ne demek istediğimi açıklığa kavuşturmak için bir örnektir. Çoğu zaman cümlenin ortasında konuyu kaybediyorum. Benim açımdan dil anlama sorunları nedeniyle, konuştuğum kişiyle benim aramda sıklıkla yanlış anlamalar ortaya çıkıyor. Konuşmaların içeriğini anlamada ya da bunları kafamda uygulama ve hatırlamada giderek daha fazla sorun yaşıyorum. Kelime haznem giderek azalıyor. Kısa bir konuşmadan sonra, giderek daha sık ve daha çabuk yoruluyorum ve konuşma isteğim azalıyor. Bir konuşma sırasında sıklıkla bir konudan diğerine atlıyorum, bu da çoğu zaman diğer kişinin aslında söylemek istediğim şeyi anlayamadığı anlamına geliyor. Bunun nedeni muhtemelen kafamdaki düşünce süreçlerimin karışık olmasıdır. Konuşma terapisinin amacı, demans hastası bir kişinin mümkün olduğu kadar, uzun süre iletişim kurma yeteneğini korumak ve kalan kaynakları teşvik ederek, bunları mümkün olduğu kadar uzun süre sürdürmektir. İletişim, yaşam kalitesine önemli ölçüde katkıda bulunur ve günlük yaşama aktif katılımı sağlamak için, bağımsızlığı mümkün olduğunca koruyan birçok yapı taşından biridir. Benim için çok önemli bir nokta, çünkü halen çalışıyorum ve mümkün olduğu kadar uzun süre işimi yapmaya devam etmek istiyorum.

Neden Ergoterapie?

Hedeflenen işyeri ve işle ilgili egzersizler aracılığıyla ergoterapisi, profesyonel performansın korunmasına yardımcı olabilir. Burada diğer şeylerin yanı sıra ince motor becerileri de eğitiliyor, dikkat ve hafızaya yönelik egzersizler yapılıyor. Ayrıca günlük yaşamda ortaya çıkan sorunlarla daha iyi başa çıkabilmek için, özel yardımları kullanmayı da öğreniyor. Kendi başınıza giyinip soyunmaya devam edebilmeniz için bir düğme yardımı gibi. Ancak resim yapma, el sanatları ve hafıza performansını destekleyen özel bilgisayar programları gibi boş zaman aktiviteleri de ergoterapisinin bir parçasıdır. Özetle, bu terapi şekli, demans hastası bir kişinin yaşam kalitesini iyileştirmeyi veya bunu mümkün olduğu kadar uzun süre sürdürmeyi, böylece günlük yaşamlarıyla mümkün olduğunca, bağımsız bir şekilde baş edebilmeyi amaçlamaktadır.

Neden Psikoterapi?

Kelimenin tam anlamıyla çevrildiğinde şu anlama gelir: ruhun veya zihinsel sorunların tedavisi.

Psikoterapi, özellikle hastalığın başlangıcında ve elbette daha sonra da "demans" tanısının ve diğer ciddi teşhislerin daha iyi ve korunaklı bir ortamda işlenmesine, kabul edilmesine ve geleceğin getireceği tüm olasılıklara hazırlanmaya yardımcı olabilir. Ayrıca demansa rağmen, hayatınızı nasıl mümkün olduğunca olumlu ve tatmin edici hale getirebileceğinizi öğrenmenize de yardımcı olabilir.

Nörofizyoterapi neden gereklidir?

Fiziksel aktivite hareketliliği, dengeyi ve zihinsel performansı destekler. Nörolojik bir hastalık nedeniyle, hareket sorunu yaşayan kişilere yöneliktir. Bu terapinin amacı, mevcut hareket dizilerini sürdürmek ve geliştirmek, en iyi ihtimalle artık çalışmayanları yeniden etkinleştirmektir. Sağlıklı bir insan için aslında tamamen normal olan şeyler bazen benim için terli bir olay haline geliyor. Bir örnek: Merkezi sinir sisteminde nörolojik bir bozukluğum olduğundan, otomatik hareket dizileri benim için aslında ancak büyük zorluk ve çaba ile mümkün oluyor. Bir adım atmak ve sol bacağımla başlamak istiyorum, ama baştan bacağa doğru komut gelmiyor. Koşmaya başlayamıyorum. Ya da kocam bana bardağı ona vermemi söylüyor. Ancak baştan sona emir alınmıyor. Bardağı bırakmak için elimi açamıyorum. Artık sayısız örnek verebilirim. Benim için uygulama artık daha uzun sürüyor. Komut ve uygulama yalnızca birkaç saniye sonra geliyor. Bazen daha uzun sürer.

Terapi, kısmen bozulan fonksiyonların yeniden etkinleştirilmesi için, çeşitli teknikleri öğrenmeyi amaçlamaktadır. Bir uyarı türü, reseptörleri uyarır (bir reseptör - Latince kabul etmek, absorbe etmek anlamına gelir) ve belirli uyaranlara tepki veren ve sinyalleri ileten hücreleri veya hücre bileşenlerini ifade eder. Bunlar arasında duyu organlarının/duyu hücrelerinin reseptörleri bulunur. Örneğin gözde, eklemlerde, kaslarda ve tendonlarda sinirler yoluyla beyne ilettikleri ışık uyarılarını algılayıp iletirler ve harekete geçirirler. Bu uyarım, hareketlilik için çok önemli olan algıyı kontrol eder. Reseptörler, sinirler ve kaslar arasındaki etkileşim bu tür terapiyle desteklenir. Sağlıklı beyin bölgeleri ölü bölgelerin aktivitesini devralır. Bu terapi sürekli olarak uygulandığı takdirde, demans hastası birinin günlük yaşamı daha iyi yönetilebilir.

Artık hocamız bize her şeyi detaylı ve anlaşılır bir şekilde anlattığına göre, geriye tek soru bu tedavilerin ilaçla desteklenip desteklenmemesi kalıyor. Profesörün bu konuda net bir görüşü var. Buna karşı çıkıyor ve başlangıçta ilaçsız saf tedaviyi öneriyor, çünkü bunların da yan etkileri var ve her vücut bunlara farklı tepki veriyor. Terapi istenen etkiyi elde edemezse, yine de ilaç ekleyerek, uygun destekten bahsedebilirsiniz. Bu hem Frank'i hem de beni ikna etti.

Maalesef mevcut bilgisayarlı tomografi görüntülerine dayanarak, profesör benim de Parkinson hastası olduğumu doğruluyor. Semptomlar da açıkça bunu gösteriyor. Ancak benim durumumda bu bir çeşit "Parkinson sendromu", yani klasik tip değildir. Profesör burada da başlangıçta ilaçsız saf tedaviye başvurmamızı öneriyor. Ben de buna katılıyorum. Sonunda tıbbi dosyamı kapatıp bir kenara koyuyor ve bunların bana/bizim için bir anda çok şey olduğunu söylüyor. Aslında en kötü ihtimalle beklediğimden daha fazlasıydı. Kafam aniden inanılmaz derecede yoruldu. Sanki iki gündür aralıksız çalışmışım gibi geliyor. Profesör bana bakıyor. Ayrıca Frank'in kafasının hız treninde olduğunu ve gözlerinde pek çok soru işaretinin olduğunu da görebiliyor. Şimdilik her şeyin içinize sinmesine izin vermemizi istiyor, çünkü gerçekten çok fazlaydı. Ayrıca konuşmamızın çok yorucu olduğunu itiraf ediyor, ama aynı zamanda biraz da üzgün, çünkü benim gibi nispeten genç bir insana bu kadar korkunç bir teşhisi doğrulamak zorunda kalmıştı. Kısa bir an için, o kadar sessiz oluyor ki, bir iğnenin düştüğünü duyabiliyorsunuz.

Kısa bir süre sonra herhangi bir sorumuz ya da zorluk yaşamamız durumunda, kendisiyle istediğimiz zaman iletişime geçebileceğimizin güvencesini tekrar verdi. Terapinin nasıl çalıştığını ve bu süre zarfında nasıl ilerlediğimi elbette bilmek istediğinden, 6 ay sonra doğrudan sekreteriyle randevu almamızı istiyor. Bize bulguların bulunduğu bir zarf veriyor, ellerimizi sıkıyor ve hayatın hala güzel olabileceğini unutmamamızı öğütlüyor. Günlerimizi daha bilinçli değerlendirmeli ve kendimize zaman ayırmalıyız. Sonuçta demans ve Parkinson hastalığım hala erken aşamada, bu da hedefe yönelik tedavinin ilerleyen süreçte olumlu bir etkiye sahip olabileceği anlamına geliyor. Hastalığın ilerlemesi konusunda bana çok güveniyor, çünkü benim bir mücadeleci olduğumu ve genel olarak her şeye karşı olumlu bir tutuma sahip olduğumu görebiliyor. Ayrıca yanımda harika bir adam var. Yalnız olmadığım, yanımda anlayışlı ve şefkatli bir adamın olması, bana ekstra cesaret ve güç vermeli. Sonra cesaret verici bir şekilde göz kırparak bize veda ediyor. Bize bu kadar zaman ayırdığı için, kendisine ayrıca teşekkür ederiz.

Ofisten çıkarken, saatime bakıyorum ve bir hata yaptığımı düşünüyorum. O yüzden tekrar bakıyorum. Hayır, hiçbir ritmi kaçırmadım. Bir saat boyunca profesörün ofisindeydik. Biraz şaşırdım, çünkü hiçbir doktor ya da profesör benimle bu kadar uzun süre konuşmaya zaman ayırmamıştı. Randevuyu sekreteriyle alıp objektif olmayan bir şekilde vedalaşıyoruz. Şimdi hastaneden çıkalım.

Girişin dışında Frank duruyor, beni kendine doğru çekiyor, kollarına alıyor ve zaten çok şey deneyimlediğimizi ve hala tüm engelleri aştığımızı anlamamı sağlıyor. Sonra bana birlikte yaşlanmamız için, her şeyi yapacağına söz verdi. Şu anda gözyaşlarım yanaklarımdan süzülüyor. Şu anda sözlerinin benim için ne anlama geldiğini bildiğini sanmıyorum, çünkü bunlar bana güç veriyor ve birlikte daha nice harika yıllar geçireceğimiz konusunda beni cesaretlendiriyor. Ona sımsıkı sarılıyorum ve bir öpücükle teşekkür ediyorum. Şimdi buradan çıkalım artık. Sonunda beyazlar içindeki Tanrı'ya rastlayacağımdan değil.

Şu anda kaçırdığım şey budur. Muhtemelen kendimi durduramayacaktım ve ona özel teşhisi hakkında birkaç söz daha söylemek zorunda kalacaktım. Ama durumun ille de böyle olması gerekmiyor, bu yüzden hızla arabamıza gidiyoruz ve eve doğru yol alıyoruz, orada tamamen bitkin bir halde yatağıma düşüyorum.

Bölüm 22

"Yeni bir gün başlıyor"

Yeni bir gün başlıyor ve onunla birlikte hayatımda yeni bir sayfa açılıyor. Artık demans ve parkinsonla dolu bir hayat.

Demans ve Parkinson hastalığına dair şüphelerimin doğrulanması hoş olmasa da, yine de rahatladım ve bu kulağa tuhaf gelebilir. Rahatladım, çünkü artık düşmanımın kim ya da ne olduğunu biliyorum. Artık onun bir adı var ve onunla savaşabiliri. Buna boyun eğmeyeceğim, ama bu düşmana karşı durabilmek için insanca mümkün olan her şeyi yapacağım. Elbette hâlâ bazı şeyler hakkında endişeleniyorum.

Benim veya gelecekteki hayatımız nasıl görünecek?

Ailemi ve arkadaşlarımı artık tanıyamama noktasına ne kadar sürede varacağım?

Hayatımın geri kalanında bakıma muhtaç olup kocamın yardımına mı güveneceğim?

İşimi ne kadar süre devam ettirebileceğim?

Kızımın düğününü ve torunumun doğumunu bilinçli olarak deneyimleyebilecek miyim?

En azından Frank'le gümüş evlilik yıldönümümüzü kutlayabilecek miyim?

Şu anda cevabını bilmediğim sorular üzerine sorular. Frank sık sık yaptığı gibi, tekrar kafama baktı, çünkü aniden bana bu kadar endişelenmemem gerektiğini söyledi. Geleceğimizin nasıl olacağı önemli değil, çünkü o her zaman yanımda olacak ve her konuda beni destekleyecek. Mükemmel koordineli bir ekibiz. O haklıdır. Gerçekten çok zor dönemlerden geçtik. Birbirimize her zaman gereken gücü, gereken cesareti verdik. Kaderin her darbesiyle aramızdaki bağ daha da arttı. Aşkımız sarsılmaz görünüyor. Dolayısıyla bu korkunç teşhise rağmen korkmuyor. Önemli olan burada ve şimdidir. Geriye kalan her şey uzak gelecekte olacaktı ve şu anda konuyla ilgisi olmayacaktı.

"Bu durumu en iyi şekilde değerlendirelim. Tıpkı şu ana kadar hayatımızın en iyisini yaptığımız gibi. Haftalar, aylar hatta yıllar sonrasına değil, günden güne bakalım. Günleri daha da yoğun yaşayalım. Birlikte geçirdiğimiz zamanın farkında olalım. Hiç kimse, hatta Profesör Zimmermann bile, demansınızın seyri hakkında bize güvenilir bir tahmin sunamaz. Şimdi en önemli şey sizin, demansın mümkün olduğunca, yavaş bir şekilde sizi tamamen ele geçirmesini sağlamak için, elimizden gelen her şeyi yapmamız gerektiğidir."

Sanki beni daha da yoğun, daha da fazla korumak istiyormuş gibi konuşuyor ve bana sımsıkı sarılıyor.

Tabii ki söylediği her şeyde haklı. Ne olursa olsun, her zaman yanımda olacağını biliyorum, çünkü tanıştığımız ilk günden beri yanımızdaydı. Kafamdaki birçok soru işareti bir anda yok oldu. Gelecekte ne olabileceği konusunda, bu kadar endişelenmemeye karar veriyorum ve en azından deneyeceğim. Artık tüm enerjimi demans ve Parkinson hastalığıyla mücadeleye vereceğim. İlk adım, terapilerin mümkün olduğu kadar, çabuk başlayabilmesi için, uygun tedavileri bulmaktır. Geriye kalan her şey zamanla gelecektir. O zaman bununla başa çıkmak için, hala yeterli zamanım var. Mümkün olduğu kadar, uzun süre bedenimin ve günlük hayatımın efendisi olmak istiyorum. Bundan sonra değişmez hedefim bu. Ve beni tanıyan herkes bilir ki, bir şeyi kafama koyduğumda, onu sonuna kadar götürürüm. Burada henüz bir son görünmüyor. Bu nedenle belirlediğim hedeflere ulaşmak için, çok fazla azme ihtiyacım olacak. Hayattaki her durumdan bir şeyler öğrenirsiniz ve sonraki yolculuğunuzda yanınızda bir şeyler götürürsünüz.

Ben ve biz de bu yeni yaşam durumundan bir şeyler öğreneceğiz. En iyi ihtimalle, gelecekte işimize yarayacak bir şey olacaktır. Ve kim bilir, belki gelecekte bir noktada demans ve Parkinson hastalığına da çare bulunabilecektir. Hepimizin bildiği gibi, bazen zor da olsa, inancınızdan asla vazgeçmemelisiniz. Gelecekte eskisinden daha çok dua edeceğim. Allah'ın bana da ihtiyacım olan gücü vermesi için dua ediyorum.

Çünkü yalnız değilim. Beni gözetlediğini biliyorum.

Bölüm 23

"2021 - 13 yıl demansla yaşamak"

Bana veya bize demans ve Parkinson sendromu tanısı konulalı 13 yıl oldu. Tanrıya şükür ki, demans ve Parkinson sendromu bu yıllarda yavaş yavaş ilerledi ve her sabah uyandığımda kocamı hâlâ tanıdığım için minnettarım.

Bu 13 yılda çok şey yaşadım. Bazıları çok güzeldi, bazıları ise daha az güzeldi. Bazılarına tuhaf gelse de, bu deneyimi kaçırmak istemiyorum. Demansım sayesinde, birçok yeni şey öğrendim ve değiştim. Demansın beni şu an olduğum kişi haline getirdiğini söyleyebilirim. Daha önce inatçıydım. Bu özelliği daha da güçlendi. Eskiden iyi huylu ve uyum ihtiyacı içindeyken, bugün kendimi ve başkalarını çok eleştiriyorum. Bana iyi gelmeyen herkesten uzaklaşırım. Artık kendimi aşağı sürüklemek istemiyorum. Olduğum gibi kabul edilmek istiyorum. Tüm kusurlarım ve sınırlamalarımla. Geçtiğimiz 13 yıl, beni ne yaptığım ve nasıl yapacağım konusunda daha kararlı hale getirdi. Ancak daha sonra bunun hakkında daha fazla bilgi vereceğim. Artık hayatıma çok daha dikkat ediyorum. Başkalarının bana zarar vermesiyle sağlığımın bozulmasından beni koruyor. Bu bazı insanlara sanki eskisinden daha soğuk kalpliymişim gibi geliyor. Muhtemelen bazen durumlar böyledir. Ama kendimi koruyabilmemin tek yolu bu. Eskiden çok geveze biriyken, bugün daha çok sessiz bir insanım. Haksızlıklara eskisinden çok daha çabuk üzülüyorum. Bunun muhtemelen daha duyarlı ve dikkatli olmamla ilgisi var. Ben ya da biz şimdi burada ve şimdi yaşıyoruz. Geçmiş olan geçmiştir. Ve şu anda gelecekte olacakları etkileyemem. Ayrıca olaylar genellikle düşündüğünüzden farklı sonuçlanır. Artık nadiren taviz veriyorum. Bir şeyi affetmek, benim için giderek zorlaşıyor. Ne düşünüyorsam onu söylüyorum. Karşı taraf bundan hoşlanmasa bile. Kalbimi koluma takıyorum. Demans ayrıca şu anda yaşadığım yeni hobiler ve tutkular keşfetmeme de yardımcı oldu. Tüm odak noktam benim için iyi olan, bana yakın olan ve benim için iyi olan insanlardır.

Ama bazı karakter özelliklerim kaldı. Sağlığım izin verdiği sürece hala kararlıyım. Vazgeçmek hâlâ benim için bir seçenek değil. Çünkü hayatta yapmak için, yola çıktığım şeye ve şu anda bulunduğum yere ancak bu şekilde ulaşabildim. Savaşma isteğim son yıllarda daha da yoğunlaştı. Bunca yıldır bana hiçbir şey gelmedi. Neredeyse her şey için çok çalışmam ve bunun için savaşmam gerekiyordu. Muhtemelen babamdan öğrendiğim ve bana miras kalan bir özellik. Eğer bu özelliğe sahip olmasaydım, muhtemelen artık hayatta olmazdım, çünkü erken doğmuştum, sözde yedi aylık bir bebektim, vücut ağırlığı sadece 900 gramdı ve olgunlaşmamış organlara sahiptim. Yani gerçekten düşünürseniz, benim mücadelem 1964 yılında doğumumla başladı.

Bölüm 24

"Kabul - Hoşgörü - Reddetme"

Demans hastası bir genç olarak günümüz toplumunda bu kadar az kabul göreceğinizi asla düşünmezdim. Nüfusun çoğunluğunun, arkadaşlarımın ve bazı akrabalarımın benimle veya bu teşhisi alan insanlarla nasıl başa çıkacağını hala bilmemesi benim için anlaşılmaz. Bu cehalet ve bu ilgisizlik, çünkü sonuçta başka bir şey değil, beni kızdırıyor. Bu beni derinden yaralıyor ve hayal kırıklığına uğratıyor.

Uyumun her zaman büyük veya önemli bir varlık olduğu ve olmadığı geniş bir aileden geliyorum. Geçmişte sorunlar yaşandığında, birbirimize bağlı kaldığımız ve birbirimizin yanında olduğumuz kesindi. Bu hem iyi hem de kötü zamanlar için geçerliydi. Dayanışma ve yan yana olmak benim için her zaman dostluğun özel nitelikleri olmuştur.

Ama yanılmışım. Maalesef birkaç istisna dışında bana aksi öğretildi. Sadece Frank, kocam ve Türkiye'deki en iyi arkadaşlarım yanımdaydı ve hâlâ da oradalar.

Yaşadığım en büyük hayal kırıklıklarından ve yaralanmalardan biri, kızımın elindeydi. Bana demans teşhisi konduğunda o henüz 19 yaşındaydı. İlk başta bu durumu kabullendiğini ve hiçbir sorun yaşamadığını düşündüm. Şüphe, teşhisin doğrulanmasından 1 yıl önce zaten gündeme getirilmişti. Yani bununla başa çıkacak zamanı vardı ve aslında bunu yaptığından oldukça emindim. Annesinin muhtemelen demans hastası olduğu gerçeğiyle baş etmişti. Ama yanılmışım çünkü o, o andan itibaren başsız yerimde ne olduğunun ve bunların nereye gittiğinin farkında değildi. Hem Frank hem de ben birlikte ve bireysel görüşmelerde, birlikte yaşamlarımızı etkileyen bu yeni durum hakkında, onunla konuşmayı denedik. Sabırla ve ilgiyle dinledi, ama sonra hemen konuyu bir kenara bıraktı. Bir keresinde bana şöyle demişti:

"Ah, anne, hemen en kötüsünü düşünmene gerek yok."

Ondan aldığım tek tepki buydu. Frank ve ben ona bunun nereye varabileceğini, bana neler yapabileceğini, soruları olursa veya bir sorunla baş edemiyorsa, her an bize gelebileceğini defalarca anlatmaya çalıştık. Ondan duyduğumuz tek şey, hâlâ iyi durumda olduğum ve her zaman kendi kendime hiçbir şeyim olmadığını düşünmem gerektiğiydi. Ve bu onun için her zaman işin sonuydu. Frank ve ben artık bu konu hakkında onunla yüzleşmemeye karar verdik. Onları yalnız bırakmak istedik. Çünkü nasıl olursa olsun, kendisinin de bu şoku öncelikle sindirmesi ve işlemesi gerekiyordu. En azından benim düşüncem buydu. Belki kendisi internette biraz araştırma yapar.

Kızımın her zaman olumsuz olan, kendisi için iyi olmayan ve sonuçta tatsız olan her şeyi bastırma eğilimi vardı.

Belki bu kısmen benim hatamdır, çünkü onu 11 yaşına kadar çoğunlukla yalnız büyüttüm. Bu süre zarfında kendi çocukluğumda bana hoş gelmeyen, bana doğru gelmeyen her şeyi kızım için daha iyi hale getirmeye çalıştım. Örnek vermek gerekirse: Ben 11 yaşındayken babam ilk kalp krizini 38 yaşındayken, ikinci kalp krizini ise 4 yıl sonra geçirdi. O günden sonra aile, hayatımız tamamen babama bağlıydı. Babamın hiçbir şekilde üzülmesine izin verilmediğinden tekrarlanan sözler bizim evde artık tabuydu. Eğer bir konuda ondan farklı bir fikrim varsa, onun gözünde zaten arsızdım. Ardından sonra hemen anjina pektoris atakları geçirmeye başladı, yere düştü ve oksijen spreyini istedi. Bu saldırılardan kendimi sorumlu tuttuğum için, her zaman vicdan azabı duydum. O andan itibaren bu onun baskı aracıydı ve her şey onun istediği gibi oldu. O zaman bile, bir gün kendi çocuklarım olsaydı, asla böyle bir şey yapmayacağımı açıkça anladım.

Bekar bir ebeveyn olduğumda, kızımın benim için endişelenmesini asla istemezdim. Bu süre zarfında, aslında tüm hayatı boyunca, hoş olmayan her şeyi ondan uzak tutmaya çalıştım. Doğduğumdan beri, benimle olan sağlık sorunlarımı ona söylemedim. Kendimi kötü hissettiğimde bunu ona göstermedim. Onu korumaya çalıştım ve ona yük olmak istemedim, çünkü onun için sadece en iyisini istiyordum. O zamanlar onun için mükemmel bir anneydim. O zamanlar bilmediğim ya da belki de bilmek istemediğim şey, gerçek hayatla hiçbir ortak yanının olmadığıydı. Aslında hasta olmanın ne demek olduğunu hiç öğrenmemişti. Sorun yaşamak ne demektir? Annesinin demans ve Parkinson hastası olmasıyla baş edememesi de muhtemelen geçmişten kaynaklanıyor. Muhtemelen hoşlanmadığı, hatta onu rahatsız eden şeyleri basitçe bastırma alışkanlığı edinmiştir. Ve dünya yeniden düzene girene kadar, bunu etkili bir şekilde yapıyordu. Onun değişebileceğine dair bana umut veren şey, 19 yaşında olmasına rağmen, hala değişebilecek yaşta olmasıydı. Hepimizin bildiği gibi umut, en son ölür. Ancak şimdi geriye dönüp baktığımda, artık eskisi gibi çalışmadığımı muhtemelen anlamadığını fark ediyorum.

Bana patronluk taslamaya başladığı zaman geldi. Kendimi aptal küçük bir çocuk gibi hissettiğim noktaya geldi. O andan itibaren, ben çocuktum, o da anne. Ama bunu hemen fark etmedim. Belki de bunu kabul etmek istemedim. Frank buna dikkatimi çekti. Kızıma bunu sordum ve ona muhtemelen arada sırada bir şeyler unuttuğumu açıklamak istedim bazen bir şeyi hemen anlayamıyorsam bu bana aptalmışım gibi davranması gerektiği anlamına gelmiyor. Çünkü benimle konuştuğunda, ben böyle hissettim. Ama onun bunların hiçbirinden haberi yoktu. Daha önce de olmuş olmasına rağmen, kendimi iyi hissetmediğim için, verdiğim sözü tutamadım. Örneğin, onunla alışverişe gideceğime söz versem ama kendimi iyi hissetmediğim için gidemezsem, tek kelime etmeden odasına gider ve sonraki birkaç saat boyunca beni saygısızlıkla cezalandırırdı. Daha önce benden böyle bir şeye alışık değildi. Kendimi iyi hissetmediğim zamanlarda bile sadece çalışıyordum. Ama şimdi durum tamamen farklıydı. Koşullar temelden değişmişti. Bana karşı davranışı beni çok üzdü. Ondan biraz daha anlayış bekliyordum. Sadece çok acıttı. Ondan merhamet istemedim. Sadece biraz anlayış.

Onunla aramda giderek daha sık tartışmalar oluyordu. Frank onun davranışlarından hoşlanmadığı için, onunla konuşmak istedi. Ama ondan bunu yapmamasını istedim. Bunu kendim yapmak istedim. Ama gerçekten başarılı olamadım, çünkü o bana bu fırsatı vermedi. Bana giderek daha çok kıskançlık yapıyormuş gibi geliyordu, çünkü Frank, kendimi gerçekten kötü hissettiğim aşamalarda artık normalden biraz daha fazla önemsiyordu, bazı konularda giderek daha sık yardıma veya desteğe ihtiyaç duyuyordum. Yine de Frank ve ben her zaman onu da dahil etmeye ve her şeye katılmasına izin vermeye çalıştık. Ama kendini gittikçe daha fazla bloke etti ve artık ona yaklaşmamıza gerçekten izin vermedi. Kızımı her şeyden çok seviyorum ve hala böyledir. Bunu ona defalarca söyledim ve onun da hissetmesini sağladım. Elbette değişmiştim. Ama ne olursa olsun, her zaman onun yanında olacağımı bilmeliydi. Ben onun annesiydim ve öyleyim. Frank ayrıca ona defalarca, ne sorunu olursa olsun, onun yanında olacağını söylemişti.

Bir anne çocuğunda bir sorun olduğunu fark ediyor. Böyle bir duyguya sahip olduğum için, ona bunu sorduğumda şiddetle reddetti. Annemle, büyükannesiyle her zaman çok iyi bir ilişkisi vardı (Huzur içinde yatsın). Büyükanne ile torunu arasında sağlıklı ve sağlam bir ilişki başlı başına çok güzel bir şeydir. Yeter ki yanlış yöne gitmesin. Daha önce de annem sık sık kızımın yanındaydı. Bu son birkaç ayda tekrardan arttı. Bu biraz anormal olarak tanımlanabilir. Böyle hisseden tek kişi ben değildim. Annemi ve beni tanıyan başkaları da aynı şeyleri hissettiler. Ayrıca annemin kızım için büyükanneden daha fazlası olmak istediği hissine kapıldılar. Aynı zamanda onun en iyi arkadaşı olmak istiyordu. Ve bazen sanki kızımın annesiymiş gibi hissettim. Annem kızımı etkileme konusunda çok iyiydi. Tekrar tekrar benimle kızımın arasını ya da Frank ile kızımın arasını açmaya çalıştı. Annem bana kızımı benden daha çok sevdiğini hissettirdi. Bir defasında ona bunu doğrudan sordum. Annem az önce bunun saçmalık olduğunu, deli olduğumu ve muhtemelen beynimin yıkandığını söyledi. Unutmayın, bu noktada bana bir süredir demans teşhisi konulmuştu.

O andan itibaren, annem kızımın üzerinde giderek daha fazla nüfuz sahibi olmaya başladı. Yavaş yavaş onları yanına getirdi. Evde bir sorun olursa, her zaman onun yanında olacağını defalarca açıkça belirtti. Kızım her geçen gün daha da ulaşılmaz hale geldi. Küçük şeyler yüzünden giderek daha sık tartışmalar oluyordu. Ve sonra zamanı gelmişti. Bir kez daha tartışıyorduk ki, kızım hiçbir uyarıda bulunmadan, masadan kalktı ve bize her şeyden yorulduğunu söyledi. Artık büyükannesinin yanına gitmek ve artık bizimle hiçbir işinin kalmamasını istiyor. Bunu söyledi, bir şeyler almak için, odasına gitti ve tek bir selam bile vermeden, evinden kaybolup bizi suskun bıraktı. Bir daha asla geri dönmek istemediğini sonradan öğrendik.

Yani annem bunu başardı. Sonunda kızımı benden ayırmıştı. Akla gelen ilk düşünceler bunlardı. O anda dünyam çöktü. Frank beni güçlükle sakinleştirebildi ve bir noktada ağlamaktan bitkin bir halde uykuya daldım. Ertesi gün kötüydü. Kalbimin göğüs kafesimden sökülüp çıkarıldığını hissettim. Ama daha da kötüsü, bacaklarımın beni başarısızlığa uğratmasıydı. Artık yürüyemiyordum. Bu beni çok korkuttu. Frank de benimle çok ilgileniyordu. Artık yürüyemediğim için, beni tuvalete taşımak zorunda kaldı. Neredeyse, hiçbir şey yemedim ve gittikçe derin bir kara deliğin içine düştüm gibi. Psikoterapistim ve nöroloğum aslında tek bir çıkış yolu gördüler: Durumumun daha da kötüleşmemesi için yatarak tedavi görmeliyim.

Ama bunu istemedim ve başlangıçta buna direndim. Birkaç gün sonra, nörofizyoterapi terapistlerimin de beni yatarak tedavi görmem yönünde teşvik etmesinden sonra, kabul ettim. Artık sağlığım endişe verici hale gelmişti. Birkaç kilo kaybetmiştim. Ancak daha endişe verici olanı, çalışma sorununun iyileşmemesiydi. Aksine durum tam tersiydi. Sanki bacaklarım vücudumun geri kalanına ait değilmiş gibiydi. Sanki bedenime bağlı değillerdi. Ben de ağır depresyona girdim. Frank artık ne yapacağını da bilmiyordu ki, bu onun için oldukça nadir görülen bir durumdu. Kendisi de, yatılı hasta olarak, kabul edilerek yardım almamı istedi. Psikiyatri hastanesine gitmekten o kadar korkuyordum ki. Televizyon filmlerinde psikiyatri koğuşundaki hastaların yataklarına bağlanıp, ilaçlarla uyuşturulduğunu defalarca gördüm. Ama hiç yardımcı olmadı. Bu işler böyle devam edemezdi. Bugün o zaman için, tek doğru karar olduğunu söyleyebilirim. Orası rehabilitasyon gibi hissettim. Tek fark, her şeyin çok daha yoğun olmasını. Çok yakından ve özenle ilgilendim. Terapiler günlük hayatımdakiyle aynıydı. Ayrıca: farkındalık terapisi, aromaterapisi, zevk terapisi, sanat terapisi, aerobik, yüzme, makinelerde kas geliştirme şeklinde spor, fizyoterapi ve tabii ki grup terapisi olarak, doktorlar ve psikoterapistlerle yoğun bireysel tartışmalar da vardı. Beni ziyaret etmesine izin verilen tek kişi Frank'tı. Klinikte kaldığım süre boyunca, özellikle anneme yönelik temas ve ziyaret yasağı getirildi. İlk 14 günün ardından, hafta sonları evime, Frank'ın yanına gitmeme izin verildi. Bir yandan çok güzeldi, ama diğer yandan, kliniğe geri dönmek zorunda kalmam, beni hep üzüyordu. Ancak hafta sonları eve gidebildiğimin sevinci buna ağır bastı. Diğer birçok hasta için, bu tamamen farklı bir hikayeydi.

Yatarak tedavi Kasım ortasından Şubat başına kadar sürdü. Benim için zor bir dönemdi. Özellikle Noel yaklaşırken ve Noel'de aşırıydı. Özellikle ne kızım ne de annem benimle ya da Frank'le iletişime geçmediği için. En azından annemin bana bıraktığı tek şey, eve gönderdiği bir Noel kartıydı. Ama o olmadan da yapabilirdim. Son derece hayal kırıklığına uğradım. Özellikle Noel'i hep birlikte kutladığımız için. Bir anda, bu iki kişiye karşı, bu kadar kayıtsız kalmam, beni gerçekten rahatsız etti. Frank ayrıca onların davranışlarını sindirmekte de zorluk çekiyordu. Her ne kadar belli etmemeye çalışsa da bunu anlayabiliyordum.

Yatış süremin sonuna doğru, annemin yaptığı bir yanlış adımı daha öğrendim. Frank ilk başta bunu kendine saklamak istedi, çünkü beni daha fazla incitmek istemiyordu. En sonunda bir noktada öğreneceğim için, bana söylemeye karar verdi. Bana demans teşhisi konduktan sonra annem Frank'a, aslında benim, yani kızının, yaşlılığında ona bakacağımı varsaydığını söyledi. Ama artık kızına bakmak zorunda olduğu için bundan hiçbir şey çıkmayacaktı. Frank ona hemen doğru cevabı verdi ve buna mecbur olmadığına, çünkü kendisinin her zaman yanımda olacağına dair söz verdi. Ne olursa olsun.

Daha sonra annemin nasıl böyle bir şey söyleyebildiği konusunda, suskun kaldım ve son derece hayal kırıklığına uğradım.

Bu, kızımın ve annemin teşhisle ve nihayetinde benimle nasıl başa çıktığıyla ilgili, hayatımın döneminden küçük bir alıntıydı.

Kızımla daha sonra, defalarca barışmamıza rağmen, bir daha asla anne-kız ilişkisi olmadı.

Frank her zaman şunu söylerdi: İkiniz o kadar yakınsınız ki, sanki göbek bağınız hiç kesilmemiş gibi görünüyor.

Kızım şu anda 6 yıldır İstanbul'da yaşıyor ve 4 yıldır da evli. Torunum bu yılın şubat ayında doğdu. Son birkaç yıldır birbirimizle iletişim halindeyiz. Ama sanki bu ilişkide her zaman baskıcı bir şeyler vardı. Hiçbir zaman gerçekten iyi hissetmedim. Beni bir daha asla incitmeyeceğine dair söz vermesine rağmen, beni defalarca incitti. En kötü günleri Noel için Almanya'ya geldiği günlerdi. Bize değil, büyükannesine geldi. Orada yatıya. Şanslı olduğumuzda, onu 2-3 saat görmemize izin vermişti. Tekrar tekrar canımı acıttı, öyle ki biraz iyileşmiş gibi görünen yaralar yeniden açıldı. Aslında bir anne çok şeye dayanabiliyor. Canını çok acıtsa da, çocuğunu her zaman kalbinde taşıyacak ve sevecektir. Her ne kadar onu az çok defalarca affetmiş olsam da, bir noktada onun beni daha fazla incitmesine izin vermek istemediğim bir noktaya ulaştım. Bunu ona bir konuşmamda açıkça söyledim. Bunu duygusuzca ve çok soğuk bir şekilde kabul etti.

Böyle anlarda kendimden şüphe ediyordum. Bu kadar kötü bir anne miydim? Her şey kötü olamazdı.

Psikoterapiye devam ettim. Terapistimle konuşmalar olmasaydı, muhtemelen bu zamanı atlatamazdım. Siz ve Frank bu zor dönemde benim için büyük bir destek kaynağıydınız. Terapistim son birkaç aydır yaşadıklarım ve neredeyse 3 aydır psikiyatri koğuşunda olduğum gerçeği konusunda oldukça suskundu. Sonuçta, bu yatarak tedavi kalışının, gelecekteki hayatım için, çok değerli ve yararlı olduğunu değerlendirdi. Birlikte geçirdiğimiz son birkaç yılda, defalarca gözlerimi belirli durumlara açmaya çalışmıştı. Sadece kısmen başarılı oldu. Psikiyatri hastanesinde kalmak pastanın üzerine krema oldu. İşte o zaman nihayet kafamda canlandı. Kendim hakkında daha fazla düşünmeyi öğrendim. Bazı şeylerin aşılamayacak sınırları olduğunu öğrendim. Kızımdan ya da annemden bile. Ve bunu bir noktada kızıma tekrar söylerdim. Son birkaç yılda bana olan tüm saygısını kaybetmişti. Gelecekte buna bir daha katlanmayacaktım. Ayrıca çok hasta olduğumu ve üzerimdeki herhangi bir stresin sağlığımın bozulmasına neden olacağını da unutmamalı. O anları tekrar yaşamak zorunda kalmak istemiyordum. Bu hastalığın tedavisinin olmadığını ancak ilerlemeyi yavaşlatmanın veya durdurmanın yolları olduğunu anlamalıydı. Ona defalarca savaşacağımı açıkça belirtmiştim ama sonuçta sorun sadece benim değil, etrafımdakilerin de bana nasıl davrandığıydı. Frank ve ben nasıl olduğumu, nasıl hissettiğimi veya neden değiştiğimi öğrenebilmesi için, onunla bu konu hakkında konuşmaya çalıştık. Dışarıdan da yardım alabileceğini kendisine defalarca dile getirdik. Psikoterapide, belirli kendi kendine yardım gruplarında veya başka yerlerde. Bizi dinledi ama hiçbiri ona hitap etmiyordu. Yıllar geçtikçe, davranışlarında hiçbir şeyin değişmemesinin başka bir açıklaması olamaz. Bunu görmezden geldi ve benimle uğraşırken hiç umursamadı. Ayrıca Frank'ın üzerindeki baskıyı biraz olsun, hafifletmek için onun yanında duracağını da boşuna umuyordum.

Annesinin demans ve Parkinson hastalığı olduğu gerçeğini aslında kimseyle konuşmadığını çok sonra öğrendim. En yakın arkadaşlarının bile bundan haberi yoktu. Bazılarıyla hâlâ iletişim halindeyim. Benden bunu duyunca çok şaşırdılar. Görünüşe göre, kızım muhtemelen benden utanıyordu.

Facebook'ta kurduğum "Genç Yaşta Demans" grubundaki diğer hastalardan, eğer aile üyelerinden birinde gerçekten demans gelişirse akrabalarının bununla başa çıkamayacağını, ancak bazılarının da bunu istemediğini duyuyorum. Ancak çoğu zaman suçlanan ortam değil, etkilenen kişinin kendisidir. Çünkü birçok kişi bunu açıkça istemez veya baş edemez. Bununla başa çıkmak ve onun artık sizin ve gelecekteki yaşamınızın bir parçası olduğunu kabul etmek uzun bir öğrenme süreci gerektirir. Kendilerini etkileyenlerin, yanı sıra yakın çevrelerindekilerin de öğrenmesi gereken bir öğrenme sürecidir. Daha önce de belirttiğim gibi, benim ailemde de durum aynıydı, annemin de bu konuda sorunu vardı. Zamanla benden giderek uzaklaştı ve gerçekten benim istediğim gibi ya da bir annenin olması gerektiği gibi davranmadı. Zaman geçtikçe, onun yalnızca beni incitmek ya da kızdırmak istediğini giderek daha fazla hissetmeye başladım. Geçmişte pek çok şey yaşandığı için, ipi çekip onunla teması kesmeye karar verdim. Dayanılabilirliğin sınırı aşılmıştı ve artık ondan ve bana karşı olan davranışlarından bıkmıştım. Artık küçük bir kız öğrenci gibi davranılmak istemiyordum. Artık bana zorbalık yapmasına ve beni incitmesine izin vermek istemiyordum. Bu karar çok gecikmişti. Aslında tedaviyi yürüten terapistim, psikiyatri hastanesinde kaldığım süre boyunca bunu uzun süredir istiyordu. Bu kararın çok daha önceden verilmesi gerektiğini de biliyordum. Ancak yetiştirilme tarzım buna engel oldu. Bu nedenle, anne babanıza her zaman saygı duymalı ve gerektiğinde her şeyi affetmelisiniz. Biz insanlar aslında kişilerarası sorunlar ortaya çıktığında, birbirimizle konuşma fırsatına sahibiz. Bana inanabilirsiniz; bunu geçmişte annemle birden çok kez denedim. Başarı her seferinde sıfırdı. Ona tekrar tekrar bakış açımı anlatmaya çalıştım. Ona artık küçük bir çocuk olmadığımı söyledim. Başarı olmadım. Çoğu zaman bana güldü ve tüm bunları hayal ettiğimi söyledi. Bu konuşmalardan sonra çoğunlukla hayal kırıklığına uğradım. Denemeye devam etmemin nedeni ailenin benim için çok önemli olması ve hayatımda hala çok önemli olmasıydı. Benim için aile, diğer şeylerin yanı sıra birliktelik demektir. Ancak aile artık birbirine bağlı kalmıyorsa, bir şeylerin değişmesi gerekir. Bunu annemle defalarca denedim. Sonuçta biz bir aileydik. Vurgu kasıtlı olarak "vardı" üzerine yapılmıştır. O andan itibaren annem artık ailemin bir parçası değildi. Benim için gerçekten kolay olmayan bir karardı. Aklım bununla yetinmişti ama kalbim bunu anlamak istemiyordu. Muhtemelen bunu anlaması da zaman alacaktır. Bugün biraz uzaktan geriye dönüp baktığımda, bunun benim için doğru karar olduğunu söyleyebilirim. O andan itibaren nihayet kendim olabildim. Yani yetişkin bir kadın. O andan itibaren hayatım daha sakin, daha dengeli ve daha az stresliydi.

Bu arada annem bana onunla iletişimimi neden kestiğimi hiç sormadı. Sonunda ilgilenmedi. Bu aynı zamanda onun için ne kadar önemli olduğumun da bir göstergesi. Kabul etmek zorundaydım ve kabul ettim. Bazı ortak tanıdıklarımız muhtemelen bunu neden yaptığımı hala anlamıyor. Bazı çevrelerde bana nankör olduğum ve anneme davranış şeklimin iğrenç olduğu söylendi. Hikayenin sadece annemin anlattığı versiyonunu biliyorlardı. Benimkini bilmiyorlardı ve muhtemelen ilgilenmiyorlardı, çünkü bundan sonra kimse benimle bir daha konuşmadı. Beni inciten bir gerçekti ama bununla yaşamak zorundaydım ve yaşayabilirdim. Günün sonunda her zaman aynı madalyonun iki yüzü vardır. Aynı şey annemle aramızda olanlar için de geçerli. Bir fikir oluşturmadan önce, her zaman her iki tarafı da dinlemelisiniz. Ne olursa olsun, böyle bir durumda bu işin dışında kalırdım ve herhangi bir taraf tutmazdım. Artık annemle iletişimim kalmadı diye, kızımdan büyükannesiyle iletişimini kesmesini istemedim. Onun bununla hiçbir ilgisi yoktu. Annemle hiçbir sorunu yoktu. Ama yine de kızım bundan hoşlanmadığını, artık annemle hiçbir şey yapmak istemediğimi bana giderek daha fazla bildirdi. Anlayamadı ve anlamak da istemedi. Bu güne kadar bana nedenini hiç sormadı. Ona söylemek için, asla yaklaşmadım, çünkü büyükannesiyle olan ilişkisini zorlamak istemedim. Bunun doğru bir karar olup olmadığını sık sık düşündüm. Bugüne kadar iki tarafım hala bunu yapmak için savaşıyor. Psikoterapistim bana sorana kadar bunu yapmamamı söyledi. Ama bugüne kadar durum böyle olmadı. Geçmişte ona defalarca süzgeci ayırmasını söylemiştim. Büyükanne büyükannesi ve ben onun annesiyim. Sonuçta annemle bu kadar iyi bir ilişkisi olmasının güzel olduğunu düşündüm.

Maalesef kızım ayıramadı. Bu beni çok üzdü. Bana sık sık büyükannesinin onun için bir aziz olduğunu hissettirirdi. Ne yaptıysa; her zaman haklıydı. Yaptığım şey saçmalıktan başka bir şey değildi. Onunla bu konuyu konuşmaya çalıştığımda beni engelledi. Benden giderek uzaklaşıyordu ve bunu değiştirmeye en ufak bir şansım bile yoktu. Beni çok üzen ve kalbimde derin bir gözyaşı bırakan bir durum. O benim çocuğum... her şeyden çok sevdiğim kızım.

Terapistim Frank ve en iyi arkadaşım Beate sayesinde, bununla yaşamayı ve artık bana bu kadar yaklaşmasına izin vermemeyi öğrendim. Çünkü bunu hiçbir şekilde değiştiremem. Adı geçen bu üç kişi zor zamanlarımda hep yanımda oldular, yanımda oldular, bana güç ve güven verdiler.

Psikoterapinin son birkaç yıldır değişimime çok katkısı oldu. Her şeyden önce karakterlerim değişti. Elbette bunda demansın da payı var ve yaşlandıkça hepimiz biraz değişiyoruz. Bu değişimlerde yaşadıklarımızın, yaşanan tüm hayal kırıklıklarının ve buna bağlı olarak yaşanan psikolojik travmaların da büyük payı var. Bütün bunlar beni şekillendirdi ve şu an olduğum kadın yaptı. Ne düşünüyorsam onu söylüyorum ve artık insanların beni incitmesine izin vermiyorum. Çünkü bunun sadece sağlığıma zarar verdiğini anlıyorum. Geçmişte çok fazla şeyi kabul ettim ve hoşgörüyle karşıladım. Her zaman önce başkalarını düşündüm. Her zaman uyum gerekiyordu. Herkes tarafından iyi değerlendirilmek istedim. Kimse benim hakkımda kötü bir düşünceye sahip olmamalı. Bunun için her şeyi yaptım. Başkalarının benden beklediği gibi davrandım. Aslında hiçbir zaman kendim olamadım, artık bunların hepsini geride bıraktım. İnsanlar sebepsiz değişmezler. Ya yeterince öğrendiler ya da yeterince acı çektiler. Beni eskiden başka biri olarak tanıyanların, çoğu artık beni dramatik bir şekilde değişmekle suçluyor. Tek yaptığım onların fikirlerine göre yaşamayı bırakmaktı.

Bölüm 25

"Demansla yaşamak karmaşık bir şey değil... insanlar öyledir ve bunu karmaşık hale getirirler"

Hastalığım sayesinde birçok yeni şey gördüm, deneyimledim ve öğrendim. Bunun için çok minnettarım! Zaman geçtikçe, daha çok unuttuğum inkar edilemez, ama duygularım çok daha yoğunlaşıyor. Her günümü eskisinden çok daha bilinçli ve yoğun yaşıyorum ve daha empatik bir insan oldum. Bazen, eskiden kafamla çok karar verdiğim yerde, bugün giderek daha çok kalbimin karar verdiğini hissediyorum. Frank, demansın beni çok daha hassas ve biraz daha hassas hale getirdiğini bile söylüyor. Dünyamızın daha fazla kalbe ve daha fazla duyguya ihtiyacı var. Biz demanslılar, kalp yerine taş ya da tahta parçası olan herkesin telafisiyiz adeta.

Bu kadar çok insanın benimle nasıl başa çıkacağını ya da benim yanımda nasıl davranacağını bilmemesi, beni her zaman şaşırtıyor. Demans ve Parkinson hastası olduğumu söylediğimde, pek çok kişi tamamen suskun kalıyor. Bunların yalnızca yaşlıların yakalanabileceği hastalıklar olduğuna dair hala bir yanlış kanıt var. Düsseldorf'a taşındıktan sonra, ilk kez gittiğimde, doktorlar bile başlangıçta buna inanmadılar. Ve bunun tek nedeni, ilk bakışta demans ve Parkinson hastası birine benzememeyi. Peki bu hastalığa, sahipseniz nasıl görünmeniz gerekiyor? Mutlaka doğrudan görmeniz mi gerekiyor? Ne zaman hasta olduğumuzu, her birimize bakarak söyleyebilir misiniz? Bu zorunlu mu? Hayır diyorum! Elbette ilk bakışta nasıl olduğumu, nelere sahip olduğumu anlayabileceğiniz günler oluyor. Ama yine de kendimi hayal kırıklığına uğratmıyorum ve görünüşüme dikkat etmeye devam ediyorum. Bu benim için son derece önemli ve Frank, eğer artık bunu kendim yapamazsam, gelecekte bu konuyla ilgileneceğine dair bana söz vermek zorunda kaldı.

Aslında özellikle doktorların, demansın birçok farklı türü olduğunu ve yaşlanıncaya kadar, yakalanamayacak bir hastalık olduğunu, çalışmaları sırasında öğrenmeleri gerekirdi. Ancak bulgularımı inceledikten sonra, onu benden alıp özür dilememi istiyorlar. Ancak yeni nöroloğa ilk ziyaretimde, işlerin bir adım daha ileri gittiği anlamına geliyordu. Öncelikle söz konusu nöroloğun çok sayıda doktorası bulunan tanınmış ve saygın bir profesör olduğunu belirtmek isterim. Yanımda getirdiğim bulgular, doğrulanmış teşhisler ve MR görüntülerinden oluşan tüm belgelere baktıktan sonra, tüm doktorların yanıldığını, bende ne demans ne de Parkinson hastası olmadığımı tüm ciddiyetle iddia etti. İlk başta ne diyeceğimi bilemedim. Aynı anda çok şaşkın ve öfkeliydim. Frank çok uygun bir ses tonuyla, nöroloğa tüm test sonuçlarının yanlış olamayacağını anlatmaya çalıştı. Farklı bir tonda konuşmamak için gerçekten kendine hakim olması gerekiyordu. Frank bir süredir tanıyorum. Ama onu daha önce böyle deneyimlememiştim. Tartışma tüm hızıyla devam ediyordu ve sonsuzluk gibi, gelen bir sürenin ardından, karşımızdakinin öğretilebilir olmadığını anlayınca, belgelerimizi alıp, vedalaştık ve muayenehaneden hemen ayrıldık. Kendini Tanrı ilan eden beyazları suskun bıraktık.

Önce biraz sakinleşmem gerekiyordu. Frank de hâlâ çok kızgındı. Doktorun demans ve Parkinson hastalığımdan şüphe etmesine neyin sebep olduğunu veya bu sonuca varmasını sağlayan şeyin ne olduğunu zaten merak ediyorduk. Muhtemelen benden en azından daha yaşlı ve daha görünür semptomları olan birini bekliyordu. Sonunda gördüğü şey, yani 50'li yaşlarının başında, muayenehanede kaldığı süre boyunca, kendini büyük ölçüde net bir şekilde ifade edebilen ve klasik demans belirtilerinden birkaçını gösteren bakımlı bir kadın, onu daha sonra bize duyuracağı karara varmasına neden oldu. Muhtemelen yanımda getirdiği tüm bulgular, doğrulanmış teşhisler ve çok sayıda görüntüyle ilgilenmemişti. Sadece onların yanıldığını düşünüyordu. Demans ve Parkinson söz konusu olduğunda aklında belli bir imaj vardı. Ben buna uymadım. Bir doktorun teşhisime şüpheyle yaklaşmam ilk kez değildi. Ancak az önce deneyimlediğimiz haliyle benzersizdi. Neden her zaman görünüşünüze veya tavrınıza göre yargılanıyorsunuz? Neden demans, Parkinson ve diğer hastalıklara hemen görmezi gerekiyor? Belirli bir hastalığınız varsa, nasıl görünmeniz gerektiği nerede yazıyor? Ciddi hastalıklara rağmen, pes etmeme çabanız sonuçta bir dezavantaj mı olacak? Beni gerçekten tanıyan insanlara sorun. Ne zaman kötü hissettiğimi tam olarak biliyorlar. Kendimi daha iyi göstermiş olsam bile, bunu hemen fark ediyorlar. Zaten yapmaktan, keyif aldığım hiçbir şeyi size gösteremem. Frank, kendimi iyi hissetmediğimde, bunu daima gözlerime bakarak anlıyor. Daha sonra gözlerim camsı hale gelirler ve mavi görünümlerini kaybederler. Hayatımda şu ana kadar maskara, allık veya oje sürmediğim çok az günler oldu ve bana aittir. Bu sadece benimdir. Ancak bundan bende bir sorun olmadığı ve hasta olamayacağım sonucunu çıkarmanın, çok şüpheli olduğunu düşünüyorum. Bu da günlük yaşamda, her zaman sorun yaşamamıza neden oluyor. Özellikle pandemi döneminde, bu sorunu tekrar yaşadık. Ailesel Akdeniz ateşim nedeniyle, UKD'de romatoloji bölümde düzenli tedavi görüyorum. Yukarıda bahsettiğimiz korona durumu nedeniyle, tek kişinin refakat etmesine izin verilmedi. Temel olarak enfeksiyon riskini en aza indirmek için mantıklı bir önlem. Sonuçta hastalar, doktorlar ve bakım personeli korunmalıdır.

Benim için sorun şu ki, bir süredir evden ayrılırken, bir arkadaşa ihtiyaç duyuyorum. Hem yön kaybı, hem de düşme tehlikesi yaşıyorum. Bu, ağır engelli kişimin kimlik kartında şu özelliklerle belirtilmiştir/edebiyat: G = yürüme bozukluğu, H = çaresizlik ve B = refakatçi gerektirmesi anlamına gelir. Ve tabii ki sunduğumuz kimliğe rağmen, Frank romatizma kliniğindeki randevusuna girmesine izin verilmedi. Bu randevuya tek başıma gitmek zorunda kaldım ve Frank kliniğin dışında bekledi. Ancak sadece az önce saydığım bozukluklara sahip olduğum söylenemez. Demansım yüzünden giderek daha çok unutuyorum. Bu hem duyduklarım hem de aslında gündeme getirmek istediklerim için geçerli. Hâlâ bir konuşmayı büyük ölçüde takip edebiliyorum. Ancak 30 dakika sonra, az önce duyduklarımı unutmuş olabilirim. Bu nedenle Frank, diğer şeylerin yanı sıra, her doktor randevusunda yanındadır. Doktor randevusunda konuşulanları evde bana her zaman sakin bir şekilde anlatır. Ve gerekirse birkaç kez. Ayrıca Frank yanımda olmadığında, kendimi çok huzursuz ve aşırı gergin hissediyorum. Çoğu zaman gerçekten paniğe kapılıyorum. Ve ancak onu tekrar gördüğümde, yavaş yavaş yeniden daha iyi hissediyorum. Frank sorun çıkmasını istemediği için, buna izin vermişti. Ama gelecekte soruşturmalarda hazır bulunmak konusunda ısrar edecek. Çoğunlukla, açıklarsanız çoğu doktor için bu sorun değildir. Doktorların demans nedeniyle, hangi sorunlarla uğraşmam gerektiğini bilmemesi, bende her zaman anlayış eksikliğine neden oluyor. Çoğu zaman bununla, özellikle de benimle nasıl başa çıkacaklarını bilmiyorlar. Bazı doktorların zaten bu tür sorunları varsa, çevremdeki özel kişilerin de bunu bilmemesi şaşırtıcı değil. İnsanlara hastalıklarımın bana neler yaptığını ve ne gibi kısıtlamalara sahip olduğumu anlatmaya devam etmek, giderek daha yorucu hale geliyor. Ayrıca insanlardan bana karşı belli bir düzeyde ilgi bekliyorum. Bazı doktorların zaten bu tür sorunları varsa, çevremdeki özel kişilerin daha iyisini bilmemesi şaşırtıcı değil. Ayrıca insanlardan bana karşı belli bir düzeyde ilgi bekliyorum. Dünyanın unuttuğu ve unutmadığı şeyler inanılmaz. Bir yaşam sanatçısı olun. Yaşam sanatçıları var olmayan sermayenin çıkarlarıyla yaşarlar.

Bölüm 26

„Yaşam Sanatı"

Demans hastasıyım…Peki ne?…

Kocam ve ben tüm hayatımız boyunca hayat sanatçı olduğumuzu düşünüyoruz. İşte bu şekilde şu an olduğumuz insanlara dönüştük. Bugüne kadar başımıza gelen her şeye rağmen, birkaç küçük istisna dışında, yaşama cesaretimizi hiç kaybetmedik. Temel yönelimimiz her zaman olumluydu ve öyledir. Vazgeçmek hiçbir zaman bir seçenek olmadı ve gelecekte de olmayacak. 20 yıldır ister tek başımıza, ister birlikte olsun, hayatlarımız hep mücadeleyle şekillendi. Bizim için işler hiçbir zaman kolay olmadı. Ama hayatta sadece iki seçeneğiniz vardır: Ya pes ya da mücadeleyi kabul edersiniz.

Biz mücadeleyi kabul ettik ve her geçen gün bunun en iyisini yapmaya çalışıyoruz. Her ne kadar biraz daha kolay olmasını istesek de, bu noktaya kadar yaşayabildiğimiz her gün için, her zaman minnettar olduk. Ve olmaya devam edeceğiz ve günümüzün sonuna kadar.

Tüm hayatımızın imtihanlardan ibaret olduğuna ve Allah'ın bizi bu imtihanlara tabi tuttuğuna inanan insanlar vardır. Kesinlikle öyle olabilecek bir ihtimal. Şahsen ben bu görüşü paylaşmıyorum, çünkü bu sadece beni üzer. Hayatımda her şeyi doğru yapmadığım için, bu sözde "testleri" geçemezdim. Yani başarısız olurdum. Bu nedenle tanımım biraz farklı görünüyor. Şu ana kadar yaşadığım olumlu ya da olumsuz her şey benim için hayat tecrübesidir. Ve bu deneyimlerden çok şey öğrendim. Şu ana kadar edindiğim bu deneyimler her geçen gün daha fazla deneyim kazanmama yardımcı oldu. Bu şimdiye kadar böyleydi, bundan sonra da böyle olacak.

Demans ve Parkinson hastalığını öğrendiğim gün, zemin tam anlamıyla altımızdan çekildi. Bu bir şoktu. Hiçbirimiz bu teşhisi beklemiyorduk. Ama o zamanlar bile, bizim için tek seçenek vardı. İlk başta bir boks maçında gibi hissettim. Yatarak kalabilirdim, bu da beni zavallı yapardı. Ya da ayağa kalkıp, kendimi silkeler ve mücadeleye girerdim. Ayağa kalkıp savaşmaya karar verdim, çünkü bu mücadelede yalnız olmadığımı biliyordum. Frank şu ana kadar kavgalarımda hep yanımda oldu. Gelecekte de öyle olacağını biliyordum.

Kısa süreli sarsıntının ardından kavga başladı. Elbette geleceğin nasıl olacağını, bizi neler beklediğini düşündük. İlk cevaplarımızı internette aldık. Profesör Zimmermann bizi çok iyi bilgilendirmişti; ancak yaşam beklentisiyle ilgili bir öngörüde bulunmadı. Demans hastalığım yavaş ilerleyen bir form olduğu için, ciddi kısıtlamaların ortaya çıkması ve sonuçta bakıma muhtaç hale gelmesi yıllar alabilir. O sırada profesörün keyfi yerindeydi. Bunu yapmasının bir nedeni, kendisiyle daha önceki konuşmalarımızda gösterdiğimiz olumlu tutumu görmesiydi. Hastalığın ilerlemesini yavaşlatmak, hatta durdurmak için, mümkün olan her şeyi yapacağımız onun için açıktı.

Ancak bu noktada şunu belirtmem gerekiyor ki, profesörün güzel açıklamasına rağmen, o dönemde kendimizi çok yalnız hissediyorduk. Kendi kendine yardım grupları ve demansla ilgili etkinlikler de vardı. Ancak gençler için açıkça yoktu.

Ancak şunu da itiraf etmeliyim ki, teşhis konulana kadar, gençlerin de demans veya Parkinson hastalığına yakalanabileceğini düşünmemiştim.

Okunabilecek veya duyabileceğiniz her şey yaşlılık demansıyla ilgiliydi. Ama bu olamaz, 44 yaşındayken bunun başına gelen tek kişi ben miyim? O yüzden facebook'ta bir grup kurmaya karar verdim. Genç yaşta demans hastası olanlara veya demans hastası olanların yakınları olanlara özel olmalıdır. Adını verdim: "Genç Yaşta Demans." Burada Frank ve benimle aynı kaderi paylaşan herkes buluşabiliyor, fikir alışverişinde bulunabiliyor ve bilgi alabiliyor. Gelecekte hiç kimse bu teşhisle yalnız kalmamalı. Farkındalık yaratmak, deneyimlerimi aktarmak, fikir alışverişinde bulunmak istedim. O zamanlar demans tabu bir konuydu. Bunun değişmesi gerekiyordu. Toplumumuzda demans farkındalığına katkıda bulunmak istedim. Bunun zor bir girişim olacağının farkındaydım. O zaman ve bugün de beni cezbeden şey tam olarak buydu.

Günümüzde demans hakkında daha çok şey duyuyoruz. Daha fazla eğitim yapılıyor. Ama yine de olması gerektiği gibi değil. Tekrar tekrar bildirilen demansın klasik şeklidir. Film uyarlamalarında bile konu her zaman klasik biçimle ilgilidir. Bunun değişmesi gerekiyor. Bunu kesinlikle tek başıma değiştiremem. Ama belki farkındalığı artırmaya yardımcı olmak için, Facebook grubumu kullanabilirim. Artık birçoğumuz genç yaşta demans hastası oluyoruz. Siz ve akrabalarınız veya arkadaşlarınız, grubumda fikir alışverişinde bulunma ve daha fazlasını öğrenme fırsatına sahip olmalısınız. İdeal olarak, başkalarının da onlardan yararlanabilmesi için, deneyimlerini aktarmaları gerekir. Öncelikle onlara "Yalnız değilsiniz" duygusu verilmeli.

Başlangıçta grup içinde işler yavaştı. Pek çok insan muhtemelen hâlâ başkalarına güvenmeyi zor buluyordu. Hepimizin bildiği gibi, güzel şeyler zaman alır. Ve bu zamanı gruba verdim. Sabrım karşılığını verecekti. Bugün, 10 yılı aşkın bir sürenin ardından, grubun 700'ün biraz üzerinde üyesi var. Ve giderek daha fazlası olucak. Bir diğer bulgu ise, giderek daha fazla insanın demans hastası olduğudur. Artık Facebook'ta bu konuya ayrılmış birkaç grup var. Ayrıca tavsiye ve yardım alabileceğiniz çeşitli kurumlar da bulunmaktadır. Demans hastası gençlerin giderek daha fazla sayıda gencin salyangoz kabuklarından çıkıp, kendilerinden bahsetmeye cesaret etmesi de sevindirici. Kendileri veya başkaları adına bu amaca hizmet eden insanların sayısı artıyor. Her ne kadar yavaş ve hala yeterli olmasa da, yine de istikrarlı bir şekilde. Toplumumuza güzel, doğru ve bence doğru bir sinyaldir. Bakın, hala hayattayız. Belli kısıtlamalarla yaşıyoruz ama yaşıyoruz. Ve bu hayatta hâlâ çok eğleniyoruz. O yüzden bizi dışlamayın, çünkü biz de bu toplumun bir parçasıyız.

Artık siyasette sesimiz duyuluyor, ama ne yazık ki, hâlâ yeterince sesimiz çıkmıyor. Diğer bazı ülkelerle karşılaştırıldığında, hâlâ gelişmekte olan bir ülke olduğumuzu düşünüyorum.

Ülkemizde değirmenler yavaş döünyor ve bazı şeyler doğrudan bürokrasinin kurbanı oluyor; üzerinde düşünülmüyor bile. Ama bu noktada bırakmak istiyorum. Konu çok büyük ve çok önemlidir. Belki başka bir kitabın sayfalarını doldurabilir.

Bölüm 27

„Demans - bundan sonra arkadaşım"

Bazıları, belki de birkaçı daha, şu anda kendilerine şu soruyu soruyor: "Arkadaşım olarak, demans hakkında nasıl konuşabilirim?" Karanlığa ışık tutmak istiyorum ve bunu yapacağım. Neredeyse 13 yıl önce, Profesör Zimmermann beni demansla tanıştırdı. Daha sonra bana onun hakkında anlattığı şeyler, bir insanın özelliklerine benziyordu. Bana hangi isme (demans) cevap verdiğini açıkladı. Hangi özelliklere ve karakterlere sahip; çünkü bunun hem olumlu hem de olumsuz yanları var. Büyük ölçüde benim ve etrafımdakilerin ona nasıl davrandığına bağlı. Kabul edilmeye ihtiyacı var ve ayrılmak ya da dışlanmak istemiyor. Lütfen beni yanlış anlamayın. Elbette arkadaş edinmek için çok daha iyi fırsatlar var. Ve sadece demans hastası olmak aslında mutlu olmak için bir neden değildir. Durum tam tersi. Deli gibi korkuyorsun. Demans artık bir yolcu gibidir. O her zaman gemidedir.

Sadece bir noktada dışarı çıkmıyor. Hayır, o artık bizim daimi yoldaşımız olacak. Ona ilk başta böyle baktım. Başlangıçta, sadece bir arkadaştı, ama zamanla bu değişti. Onunla ne kadar çok çalışırsam, ilişkimiz o kadar iyi hale gelir. Ve bir noktada; onu ne zaman arkadaşım olarak gördüğümü tam olarak bilemiyorum.

Elbette onları düşman olarak tanımlayacak pek çok insan var.

Ancak her zaman bir düşmanla savaşmak gerekiyor. Ama bu, umutsuz durumun süresini değil, sonucunu önceden bildiğiniz bir düşmanla savaşmak gibidir.

O zaman onu arkadaş olarak görmek daha iyi olur. Arkadaşlar iyi günde de kötü günde de yanınızda olur. Onlarla eğlenirsiniz ve kendinizi iyi hissetmediğinizde, size yardım etmek için orada olurlar. Bu nedenle, bundan sonra demans hastası olan, onu arkadaşım olarak görmek, i bana daha mantıklı geldi.

Elbette bundan sonra korku yoldaşım olacaktı. Onunla yaşamaya alışmam gerekecekti. Korku aslında kötü bir nitelik değil, çünkü aynı zamanda bazı durumlarda, kendimizi tehlikeye atmamızı da engelliyor; sadece bir örnek vermek gerekirse. Korku hayatımıza hakim olmamalıdır. Bundan sonra muhtemelen hayatıma/bizim hayatımıza biraz daha katılacak. Korkuyu kim bilmez:

- bir sonraki MR ve sonucunda ortaya çıkanlar;

- hızlı ya da yavaş ilerleyerek bir sonraki MR ve sonucunda ortaya çıkanlar;

- hızlı ya da yavaş ilerleyerek demansın seyri;

- kendim ve çevremdekiler üzerindeki psikolojik stresi;

- belki bir noktada bir bakım vakasına dönüşebilir;

- artık sevdiklerinizi tanımamak ve sizin için önemli olan her şeyi unutmak;

Ancak daha önce de belirttiğimiz gibi korkunun iyi yanları da vardır:

- bize daha dikkatli olmamızı hatırlatır;
- bazen tanınmayan güçleri harekete geçirmemize izin verir;
- kendinizi ve başkalarını korumaya yardımcı olur;
- vücudun alarmı ne zaman çaldığını bize gösterir;
- ama aynı zamanda, neyi ve nasıl tehlike olarak değerlendirdiğimize de bağlıdır;

Ve bir noktada korku yeniden azalacak ve bir süreliğine hayattaki güzel şeylerin tadını yeniden çıkarabileceğiz.

Demansla yaşam hâlâ sevimli ve yaşamaya değer olabilir. Bu teşhisi kim alırsa; onun için hayat henüz bitmedi. Aslında tam tersi doğrudur; çünkü hayatın yeni bir aşaması başlıyor. Tüm hastalıklarda olduğu gibi, bu da elbette sizin tavrınıza bağlıdır. Kendi adıma, artık demans hastası olduğumu değil, demansla "yaşadığımı" söylüyorum. Etkilenenlerin çoğunun partneri yok; akrabası da olmayabilir. Yalnızsın; ancak psikoterapötik yardım alabilirler. Bu, etkilenenlerin yanı sıra ortaklar, akrabalar veya arkadaşlar için de geçerlidir. Psikoterapi bu nedenle yalnızca destekleyici yardım sağlayabilir. Ayrıca kendiniz üzerinde de çalışmalısınız. Psikoterapi size kendi başınıza kullanmanız gereken yolları gösterir ve belirli araçları verir. Bunun ne zaman ve nasıl gerekli olduğuna herkes kendisi karar vermelidir. Herkes için farklı bir zamanda olabilir. Hepimiz farklıyız ve her birey için, kendileri için, neyin iyi olduğunu veya doğru yardımın/desteğin ne olduğunu bulmak önemlidir. Genel bir tarif yoktur. Bu yüzden burada sadece deneyimlerimi aktarabiliyorum.

Artık hastalığımla açıkça ilgileniyorum ve normal hayata katılmaya devam ediyorum.

Corona neredeyse, 18 aydır ancak Corona'dan önce, oldukça normal bir hayat sürüyorduk. Yapabileceğiniz en kötü şey aktif yaşamdan çekilmenizdir ve yavaş yavaş solup gidersiniz. Uzun vadede bunun sonuçları şu şekilde olacaktır:

Uzun süre su almayan bir çiçek gibi.

Akrabalar, arkadaşlar ve tanıdıklar da sorumluluğu paylaşıyor. Hiçbir durumda geri çekilmemeli, hatta mağdur rolüne düşmemelisiniz. Elbette yeni durumla başa çıkmayı da öğrenmeleri gerekiyor. Ancak hayat bize her zaman uyum sağlamamız ve başa çıkmayı öğrenmemiz gereken yeni durumlarla sunar. Demans da farklı değil. Yaşam yolu başlı başına yeterince kayalıktır. Dolayısıyla daha fazla engele gerek yok. İşleri gereğinden fazla zorlaştırmayalım. Bu sadece gelecekte başka şeyler için ihtiyaç duyacağımız gereksiz enerjiye mal olur.

Yaşamın yaşanabilir ve sevilebilir olmaya devam edebilmesi için, etkilenenler ile onların yakınları ve arkadaşları arasında, iyi bir işbirliği gerekmektedir. Frank ve ben bu konuda gerçek bir ekip çalışması yapıyoruz. Motivasyonumuz tüm sağlık kısıtlamalarına rağmen, mutlu bir yaşam sürmeye devam etmekti ve hala da öyledir. Ancak zaman zaman günlük yaşamın tuzaklarıyla da mücadele etmek zorunda kalıyoruz. Özellikle bazı durumlardaki, inatçı davranışlarımla ilgili bu. Demanstan önce bile küçük bir eşek olarak görülüyordum. Eşeklerin de belli bir inatçılığa sahip olduğu söylenir. Demans durumu daha da kötüleştirdi. Diğer karakter özellikleri artık çok daha belirgindir. Günün 24 saati yanımda olan Frank için, bu her zaman kolay olmuyor. Bazen onun için gerçekten üzülüyorum. Sürekli bunu ona söylüyorum ve ondan özür diliyorum. Daha sonra bunun benim hatam olmadığını ve özür dilenecek bir şey olmadığını söylüyor. Çünkü aynı zamanda sağlık sorunlarıyla da mücadele eden bir insan; sadece göstermiyor. Ama bunu fark ediyorum ve bu beni çok endişelendiriyor.

Günlük sorunlar, soluduğumuz hava gibi, hayatın bir parçasıdır; ister sağlıklı insanlar için, ister sağlık kısıtlamaları olan insanlar için. Hepimiz bu zorluklarla yüzleşmek zorundayız. Ve bence sorunları birlikte çözmek daha kolay. Demans olan hastalar ile muadili arasındaki etkileşim her zaman eşit düzeyde ve karşılıklı saygı çerçevesinde olmalıdır. Yani bu demekki, birbirinin üzerinden ya da yanından geçmek yerine, birbirleriyle konuşmaktır. Bu Frank ve benim için çok önemli olan noktalardan biri. Teşhis konulduktan sonra, yeni koşulları kabullenmek için, her birimizin ayrı ayrı, bazen de birlikte zamana ihtiyacı vardı. Daha sonra, mümkün olduğu kadar, uzun süre günlük yaşamımı bağımsız olarak sürdürmek istediğime ve yardıma ihtiyacım olursa, bunu Frank'a söyleyeceğime karar verdik.

Elbette günlük hayat, her zaman konuştuğumuz gibi, maalesef işlemiyor.

Çünkü daha önce de belirttiğim gibi, her zaman çok inatçı ve hırslı bir insan oldum. Ve bu artık benim için giderek daha büyük bir çöküş haline geliyor, çünkü artık bir şeyi yapamadığımı veya bir şeyin uygulanmasından bunaldığımı fark etmiyorum veya fark etmek istemiyorum. Franktan yardım istemek benim için çok zor. Bu da vardı ve hâlâ da böyledir; "Bir öğrenme süreci" Frank ve etrafımdakiler için, olduğu kadar benim için de bir öğrenme süreci. Her zaman mükemmel gitmez, ama giderek daha iyiye gidiyor. Frank artık belirli sınırlamalara sahip olduğumu hissetmeme asla izin vermiyor. Bana hala bir kadın gibi davranıyor ve bunu hissetmemi sağlıyor. Hala onun tarafından istendiğimi hissediyorum. Belki de ilişkimiz benzersizdir. Bunun için ve birlikte geçirdiğimiz her gün için minnettarız.

Yaşamın yeni aşamalarında, her zaman belirli değişiklikler eşlik eder. İlk önce uyum sağlamanız gereken değişiklikler. Hayatımızın yeni dönemiyle birlikte hayata karşı tutumumuz, yaşam biçimimiz değişti.

Artık çok daha bilinçli yaşıyoruz. "Burada" ve "şimdi"de yaşayın; artık önceden hiçbir şey planlamayın. Çünkü çoğu zaman işler planladığınızdan farklı sonuçlanır. Öncelikle bu değişiklikleri bilinçli olarak kabul etmelisiniz. Her iki tarafın da yapması gerekiyor. Çünkü ancak birlikte başarı şansı vardır. Bu her iki taraf için de büyük bir değişim anlamına geliyor. Dürüstlük hayatımızda her zaman büyük bir rol oynamıştır. Bu, bugüne kadar değişmedi. İkimiz de birbirimize her zaman açık ve dürüst davranırız. Demanstan bu yana, dürüstlük daha da önemli hale geldi. O zamandan beri, Frank açıkça burada daha zor bir bölüme sahipti. Ona kendim, ilişkimiz ve hayatımız hakkında sorular sorup duruyorum. Bana her zaman dürüstçe, çok duygulu ve çok empatik bir şekilde cevap veriyor. Çünkü son birkaç yıl ve aylarda, çok daha hassas ve savunmasız hale geldiğim, onun da gözünden kaçmadı.

Sadece birkaç gün önce, ona demanstan bu yana son birkaç yılda çok değişip değişmediğimi sordum.

Bunu ben de hissediyorum ve kendimdeki bu değişiklikleri fark ediyorum. Uzun süre düşündü ve soruma olumlu cevap verdi. Ayrıca bana hastalıktan önce kadınla pek fazla ortak noktamın olmadığını açıklayarak nedenini de çok sempatik bir şekilde açıkladı. İlk başta olumsuz gibi görünen şey, daha sonra açıkladığında, olumluya dönüşüyor; çünkü değişimimle ilgili, her şey olumsuz olarak değerlendirilemez. Pek çok şey daha iyiye doğru değişirdi. Ve onun için, ben hâlâ çok, ama çok gurur duyduğu sevimli, çekici bir kadınım. Benim yanımda olduğu için, çok şanslıdır.

Bunu duyduğumda, yanaklarımdan gözyaşları süzüldü. İyileştiğimde, onunla gurur duyduğumu, harika bir adam olduğunu, şimdiye kadar benim için yaptıklarını takdir ettiğimi, her zaman arkamı kolladığını ve hala da kolladığını söyledim. Birlikte geçirdiğimiz ilk günden itibaren her zaman yanımdaydı. İyi ve kötü günde. Demans hastası olmama rağmen, tanıyı aldığımız günü hâlâ hatırlayabiliyorum.

O zamanlar ona sordumki, benimle yaşamaya devam etmek isteyip istemediğini dikkatlice düşünmesi gerektiğini. Çünkü gelecekte ikimiz için de hayatın umduğumuzdan veya hayal ettiğimizden farklı olucaktır. Eğer bu yola benimle gitmese, ben ona kızmayacağımı söylemiştim . O sırada ona söylediklerimden hoşlanmamıştı ve eğer durum tam tersi olsaydı, onu terk edip etmeyeceğimi sormuştu. Tabiiki reddettim. Kendisi için, evliliğin diğer şeylerin yanı sıra, iyi günde de, kötü günde de, her zaman birbirinin yanında olmak anlamına geldiğini söyledi.

Aslında, onun işler rahatsız olduğunda, kaçan türden bir insan olduğunu hayal bile edemezdim. Yine de partnerlerden birinin ciddi şekilde hasta olması nedeniyle, evlilikten kaçtığını çok sık duymuştum.

Ancak benim için, bunun evlilikle hiçbir ilgisi yok.

Partnerler genellikle, birbirlerine acıdıkları için, birlikte kalırlar, ancak erken ya da geç bu başarısızlıkla sonuçlanmaya mahkumdur. O zaman temiz bir kesim yapmak daha iyidir.

Ama daha önce hiç bu adımla uğraşmak zorunda kalmamıştım.

Bölüm 28

"Ağrı ve ilerleyici demans"

Ve yine, acının ve ilerleyen demansın beni kitabımı yazmaya devam etmekten, alıkoyduğu uzun bir zaman geçti. Aslında geçen yıl (2021) bitmesi gerekiyordu. Ancak hayatımda bugüne kadar pek çok kez olduğu gibi, sağlığım planlarımı engelledi. Yazma arzusu kesinlikle vardı, ama acı ve ilerleyici demansla dolu kötü günler sonunda bu arzuyu öldürdü. Zaman geçtikçe düşüncelerimi ve fikirlerimi başkalarının okuyup anlayabileceği şekilde kelimelere veya cümlelere dönüştürmek benim için giderek zorlaşıyor. Bu konuda beni desteklediği için, Frank'a inanılmaz derecede minnettar olmamın bir başka nedeni de bu. El yazısıyla yazdığım notları okuyor, düzeltilmesi gereken yerleri düzeltiyor ve daha sonra herkesin okuyup anlayabileceği şekilde yazıyor. Bunu yaparken ifade edilmeyen ve bazen bana da mantıklı gelmeyen fikirleri değiştiriyor. Sadece anlaşılır cümlelerle özetliyor. Çünkü bu da demanstır. Sadece kelimeler yok olmakla kalmıyor, ifadeler de gittikçe kayboluyor. Demans benim bir parçamdır. Tıpkı benim her bir uzvum gibi. Ama bu kitabı yazan kişi benim, Yasemin Aicher.

Demansımı artık bir düşman olarak değil, bir dost olarak görmeye başlamam uzun yıllar aldı. Artık ikimiz de en yakın ve en sadık arkadaşlarız. Şu ana kadar hayatımda bu kadar yakın bir arkadaşım olmadı. Her zaman yanımdadır ve her adımda bana eşlik eder. Ve tıpkı en iyi arkadaşlıklarda olduğu gibi bazen anlaşmazlıklar yaşarız. Beni rahatsız eden şey, onun istediğini giderek daha sık yapması. Sonuç olarak, artık takip edemiyorum ve şöyle görünüyor:

Artık iki işi aynı anda yapamıyorum. Bunu anlamak ve kabul etmek kolay olmadı. Özellikle de biz kadınların aynı anda birçok şeyi yapabilmemizle tanındığımız için. Teşhis konulmadan önce, bunu yapabiliyordum. İlk evliliğim artık kurtarılamaz hale gelince, kızımı alıp Almanya'ya geri döndüm. Temelde yeniden sıfırdan başladım ve o andan itibaren tek ebeveyn olduğum için, işten sonra kendimi aynı anda iki şeyi yaparken buldum. Bunu da yapmak zorundaydım. Başka seçeneğim yoktu. Mesela akşam yemeğini pişirdim ve aynı zamanda kızımla birlikte onun okul ödevlerine baktım. Ya da Türkiye'deki ailemle telefon görüşmesi yaparken evimi temizledim. Henüz cep telefonları veya eller serbest cihazlar olmadığı için, bu bir zorluktu. O andan itibaren kızım hayatımın merkezi oldu. Artık babasız kalmak zorunda olduğumuz için, dışarıda bırakılmamalı ve acı çekmemeliydi. Her zaman korku içinde, onun yanında olmak istedim. Hiçbir şeyin eksikliğini yaşamamasını istedim. Yeterince sevgi almalı; hobilerini sürdürme fırsatına sahip olduklarını ve ikimizin de birlikte çok zaman geçirdiğini. O iyi olduğunda ve kendini iyi hissettiğinde ben de iyiydim. Doğduğu andan itibaren hayatım ağırlıklı olarak kızıma odaklandı. Günlerim doluydu. Gündüz işim, sonra kızım, sonra da ev işim. Ve ancak kızım yatağa gittiğinde, yapılması gereken geri kalanı yaptım. Hafta sonlarında kendime planlanmamış bir şeyler ikram edebilmek için fazladan para kazanmaya çalışıyordum. Önceki gece, küçük arabamı artık bit pazarında nakit karşılığında satmaya ihtiyacım olmayan şeylerle doldurdum. Ertesi sabah, sahada iyi bir yer bulabilmek için sabah 6'da evden çıktım. Ben arabanın önünde satış yaparken, kızım arabada uyumaya devam etti. Bu ek gelirle örneğin, ilk defa kendimize bir tatil ısmarlayabildik.

Ve sanki günlük hayatım yeterince dolu değilmiş gibi, kızımın okulunda okul yönetim kurulu başkanlığı ve veli sınıfı temsilcisi görevlerini üstlendim.

Arkadaşlarım ve tanıdıklarım sık sık bana, yaptığım ve yönettiğim onca şeyden dolayı, günde 48 saatim olup olmadığını soruyordu. Bunu biliyordum ama başka türlü yapamazdım. Sadece çalışıyordum.

Peki bugünden geriye ne kaldı? İki şeyi aynı anda yapmak benim için geçmişten gelen bir hayalden başka bir şey değil. Frank ile alışverişe gitmeyi severdim. Alışveriş derken, sadece vitrinlere bakmayı kastediyorum. Bu bile benim için tek başına yeterliydi. Hafta sonları, dükkânların kapalı olduğu zamanlarda, sık sık pasajlarda dolaşıp vitrinlere bakardık. Aynı anda yürümek ve bir şeyler izlemek; aslında herkese verilen bir şey. Benim için öyle değil. Bugün, yanımda Frank ile bir yere yürüyorsam ve yürüme mesafemde olmayan bir şey görürsem, ayağım kayıyor, tökezliyor ve en kötü senaryoda yere düşüyorum. Sadece yürümek bile tüm dikkatimi ve konsantrasyonumu gerektiriyor. Aynı anda bir şeye bakmak kafamı bulandırıyor. Birkaç ay önce, Düsseldorf KÖ'de dolaşırken de, çiçek tarlarındaki çiçeklerin ihtişamını fark ettiğimde de, durum aynıydı. Tam o sırada küçük kaldırımı kaçırdım, tökezledim ve yer çekimi beni yere doğru itti. Frank elimi tuttu - yoksa daha kötü bir şey olurdu - ama beni tamamen tutamadı. Ayağım takıldı ve dizimin üzerine düştüm. İlk başta muhtemelen sadece korkmuştum. Olanlar karşısında dehşete düştüm. Ayrıca ne olduğunu anlamam biraz zaman aldı. Frank beni tekrar ayağa kaldırmaya çalıştı, ama bu hemen işe yaramadı. Bir türlü kalkamadım. Baş ile bacaklar arasındaki emir komuta zinciri kısa süreliğine tamamen koptu. Frank bir süreliğine yerde oturmama izin verdi ve bir süre sonra işe yaradı. Frank'ın yardımıyla ayağa kalktım ve yakındaki bir koltuğa doğru yürüdük. Acı geldi. İlk başta sadece dizim ağrıyordu. Ayağa kalkmaya çalıştığımda, ayağımda bir sorun olduğunu fark ettim. Yürüme sırasında ağrı hissettim ve eve giderken zaman geçtikçe ağrı daha da arttı. Frank aslında benimle doğrudan Düsseldorf Üniversite Hastanesi'nin polikliniğine gitmek istiyordu. Ama bunu istemedim, çünkü daha kötü bir şey olmadığını ve yarına kadar geçmiş olacağını umuyordum. Frank itiraz ederek kabul etti. Ayağıma lor sargısı koydu ve ben sadece yürüteçle birlikte dairenin içinde dolaştım. Ancak yanılmış olmalıyım. Çünkü ertesi gün, hiçbir şey daha iyi olmadı. Durum tam tersiydi ve olay bu şekilde gelişti. Öncelikle üniversite kliniğindeki polikliniğe gidin, ardından ortopedi cerrahımızla randevu alın ve ardından MR muayenesinden geçin. Düşmem ile kesin teşhis arasında neredeyse 14 gün vardı. Fibula ayak bileğinin hemen üstünden kırıldığı için teşhis zordu. Aslında kırığın onarılması için ameliyat gerekiyordu. Ancak herhangi bir anestezi mevcut demansı daha da kötüleştirebileceğinden, ortopedi uzmanıyla birlikte başlangıçta onu konservatif olarak tedavi etmeye karar verdik. Bu, 3 ay boyunca sözde vakumlu çizme giymemi ve performans sergilememe izin verilmemesini şart koşuyordu. Böylece önümüzdeki 3 ay içinde Frank'a daha da bağımlı oldum. Beni yürüteçle ve dışarı çıkmamız gerektiğinde, Frank'ın internetten kısa sürede satın aldığı tekerlekli sandalyeyle evinin içinde gezdirdi. Corona nedeniyle, neredeyse hiç dışarı çıkamadık. Aslında sadece doktora gitmem gerektiğinde. Arada sırada, biraz temiz hava almak ve kendi dört duvarınız dışında bir şeyler görmek için. Kendi kendime yürüyememek bir süre sonra beni gerçekten sinirlendirdi. Ama faydası olmadı. Bunu aşmam gerekiyordu. Ve işe de yaradı. Üç ay sonra yapılan kontrol randevusunda müjdeli haber geldi. Kırık tamamen iyileşmişti. Yani herhangi bir ameliyata gerek kalmadı. Bunu duyduğumuza çok sevindik.

Az önce bahsettiğim ağrılara ek olarak yaklaşık 2 yıl önce pandemi başladığından, bu yana biraz daha kilo verdim. Pandeminin başlangıcındaki Corona hastalığımla bir ilgisi olup olmadığı kanıtlanmadı. Ancak şüphe yakındır. Normalde sadece kafam çok çabuk yorulurken bedenim de buna katıldı. Pillerimin artık tam olarak şarj olmadığını hissettim. O zamandan beri, her zaman çok çabuk yorulmuştum ve kendimi bitkin hissettim. Bu çok çarpıcı, çünkü Frank de aynı şekilde hissediyordu. O da benimle aynı dönemde

Corona geçirdi. Bizi tamamen hazırlıksız yakaladı, çünkü korona salgını duyurulduğunda, neredeyse sadece evde kaldık ve bunun dışında tüm kurallara uyduk. O andan itibaren günlük kullanım için ihtiyacımız olan her şey evimize teslim edildi. Hatta çok gerekli olmayan doktor ziyaretleri bile iptal edildi ya da ilgili doktorları aradık. Frank sadece ilaçlarımızı almak için, eczaneye gitmesi gerektiğinde dışarı çıkıyordu. Biz kurallara uyduk ve hala da uymaya devam ediyoruz. Muhtemelen dermatologla olan takip randevularımdan birinde enfeksiyon kaptık. Maalesef bu randevuyu telefonla ayarlayamadık. Ve cilt kanseriyle ilgili korkunç tecrübemiz nedeniyle, randevu bizim için çok önemliydi. Burada 5 yıl boyunca 3 ayda bir düzenli ve yakın kontrol çok önemlidir. Cerrahi bölgelerde yeniden yeni cilt kanseri oluşması nadir değildir. Şu ana kadar Allah'a şükür son 2,5 yıldır kurtuldum.

Korona enfeksiyonumuz nedeniyle talihsizlik yaşadık. Hastalık daha hafif olduğu için, hastaneye gitmemize gerek kalmadı. 10 gün boyunca ikimiz de ateş, baş, vücut ve kas ağrılarıyla boğuştuk. O zamandan bu yana neredeyse 2 yıl geçti ve ikimiz de farklı şekillerde de olsa, hala etkileriyle mücadele ediyoruz. Az miktardaki fiziksel efordan sonra bile, ikimiz de nefes nefese ve ter içinde kalıyoruz. Frank, kalp rahatsızlığı nedeniyle, merdiven çıkmakta giderek zorlanıyordu. O günden beri, tat alma bozuklukları ve baş ağrısı ataklarıyla uğraşıyorum. Unutkanlığım da arttı ve bulmaca çözmek gibi bir şeye konsantre olduğumda, yaklaşık 20 dakika sonra o kadar hasta oluyorum ki, uzanmak zorunda kalıyorum. İlk aşımızı Temmuz 2021'de, ikinci aşımızı ise 6 hafta sonra yaptırdık. Frank, o zamandan bu yana hafızamla ilgili daha fazla sorun yaşadığımı ve baş ağrılarımın da arttığını fark etti. Yine de kendimize güveniyoruz ve bu etkilerin zamanla azalacağını umuyoruz. Her zaman olduğu gibi en iyisini yapmaya çalışıyoruz. Başka hiçbir şey bizim için bir seçenek değildir.

Tabii ki demans hastalığımla hayatım o zamandan beri farklıydı. Değişti ve değişmeye de kaçınılmaz olarak devam edecek. Bildiğimiz bir gerçek, çünkü sakatlıklarım giderek artıyor.

Bölüm 29

"Gece gündüze döndüğünde"

Ben her zaman geceleri çok aktif rüya gören insanlardan biri oldum. Bu bazen o kadar gürültülüdür ki, başkaları buna tanık oluyor. Yaklaşık 4 yıldır artık gecenin uyku vakti olduğunun farkında değilim çünkü gündüz olduğunu düşünüyorum. Başlangıçta 4 yıl önce geceleri hala daha ara sıra haftada 1 kez meydana geliyordu. Ama bu durum artık neredeyse her gece bu noktaya geliyor. Geceyi gündüze çeviriyorum. Ama ertesi sabah bununla ilgili hiçbir şey hatırlamıyorum. Sabahları kendimi tamamen bitkin hissettiğimi ve sanki hiç uyumamış gibi, olduğumu gösteren tek şey, gece bir şeylerin olmuş olmasıdır. Frank aslında bana bundan bahsetmiyor, çünkü beni üzmek istemiyor. Bazen durup, o gece olanları bana anlatması konusunda ısrar etdimğde, bana anlatıyor. Uykuya dalmakta zorluk çektiğim için (sabah 3'ten önce neredeyse hiç uyuyamıyorum), uyku alışkanlıklarım bozuldu. Ben de 8-9 saatlik uykuya ihtiyaç duyan bir insan olduğum için, saat 13.00'ten önce uyanamıyorum.

Frank her zaman çok hafif uyuyan biri olmuştur. Bende bir sorun olduğunda, ya da harekete geçtiğimde, hemen fark ediyor. Mesela dün gece saat 4'e kadar uyuyamadım. Yarım saatten az bir süre sonra tekrar kalkıp işe hazırlanmak istedim. Hatırlatma olarak bir örnek:

Yaklaşık 5 yıldır emekliyim. Ben şu anda kendimde değilim; 57 yaşındaki Yasemin değilim. Ben geçmişteki Yaseminim ve ben de öyle davranıyorum. Ozaman Frank benim de kocam değildir. Onun kim olduğunu bilmiyorum. Burada, yanımda, yatakta ne yaptığını bilmiyorum. Ben de ,nerede olduğumu bilmiyorum. Başlangıçta, bu gündüz/gece problemleri başladığında, Frank asansörde, beni zar zor durdurabiliyordu. Oraya çıplak ayakla gitmiştim. O zamandan beri daire kapısı kilitliydı ve anahtar üzerinde dildi.

Frank ayrıca bana bu aşamalarda, tamamen farklı bir insan olduğumu ve farklı konuştuğumu da söyledi. O zaman çok daha gençtim. Bazen geçmişi ve şimdi ile karıştırıyorum. Zaman zamanda,. agresif oluyorum ve şiddete başvuruyorum. Bunu yaparken normalde, sahip olmadığım beklenmedik güçleri serbest bırakıyorum. Muhtemelen farklı bir dünyadayım gibi. Geçmişim muhtemelen benim en büyük dostumdur. Bunları bu anlarda yaşıyor ve deneyimliyorum. Frank ilk başta, uyurgezer olduğumu sandı. Ancak internette biraz araştırma yaptı ve bunun da demansın yan etkilerinden biri olduğunu öğrendi.

Tedavi eden nörolog bunu bize doğruladı. Bunun için bir ilaç yazmamızı önerdi. Bir nevi sakinleştirici tabiri caizse. Ama ben kabul edemeden, Frank beni yendi. Daha fazla ilaç almamı istemedi, çünkü zaten vücuduma yeterince kimyasal vermiş oldum. Bu gelecekte, düzgün uyuyamayacağı anlamına gelse bile, bunu istemiyordu. Bir noktada işler o kadar kötüleşirse, artık onsuz mümkün olmayacak bir seçenek dir. Ben şahsen kabul ederdim. Ama benim yüzümden değil, Frank yüzünden. Gece boyunca ona karşı saldırgan ya da şiddetli davranmam da beni üzüyor. Onun da uykusuna ihtiyacı var. Ama mümkünse, her gün bunu telafi ediyor. Daha sonra bir saat uzanır. Ona beni gerçekten sarsmasını ve bana bağırmasını önerdim. Ancak bu kesinlikle verimsiz olacaktır. Bu aşamalar sırasında, bir akraba olarak, sizin sakin ve aklı başında olmanız gerekiyor. Frank benimle her zaman çok sakin bir şekilde konuşuyor ve beni sakinleştirmeye çalışıyor. Bana karşı çıkmıyor, ama sonra aklı başında bir tavırla, beni planlarımdan vazgeçiriyor. Aşamalar genellikle 30 dakika ile 2 saat arasında sürüyor. Mesela okula gitmek istediğimde, bana çok sakin ve ikna edici bir şekilde, hafta sonu olduğunu ve okula gitmek zorunda olmadığımı anlatıyor. Aynı kalıp işe gitmek, istediğimde de geçerli. Bazen bana havanın hâlâ karanlık olduğunu söylüyor; herkes hâlâ uyuyor ve tabii ki okul hâlâ kapalıdır. Eğer bunu ondan alamazsam, Frank, dışarıda hâlâ gece olduğunu bana göstermek için, kepenkleri kaldırıyor. Daha sonra uyumak için, birkaç saat daha uzanmamı istiyor. Daha sonra beni zamanında uyandırır, kahvaltılık sandviçler hazırlar ve hatta belki arabayla götürürdü.

Frank farklı yaklaşımlar geliştirdi. Biri, her zaman yardımcı olmuyor. Bazen farklı bir yaklaşım gerekir. O orada artık oldukça, esnek olduğunu söylüyor. Bunun için her zaman çok üzgünüm. Daha sonra bana güvence veriyor ve bu şekilde olması gerekmediğini söylüyor. Çünkü sonuçta, bu konuda hiçbir şey yapamam. Gün içindeki, bu gece evrelerinden mümkün olduğu kadar uzun süre korunmamız için, her gün dua ediyorum. Bir noktada, durumun böyle olabileceğinin farkındayız. Frank bana sık sık şöyle der: Sakinlikte güç var. Kendi adıma, bundan çoğu zaman şüphe duyuyorum, çünkü aslında huzur ve sessizlikten yoksun değilim. Ama hâlâ gücüm yok. Ancak Frank söz konusu olduğunda, bu doğrudur. Sağlık sorunları nedeniyle, bazı günler kendini iyi hissetmese de, neredeyse, her zaman inanılmaz bir sakinlik yayıyor ve bana tüm bunları atlatabilme gücü veriyor. Ama aynı zamanda bana her şeyi toparlaması için, ona güç vereceğimi de, söyleyip duruyor. Belki aynı zamanda yaşamlarımızda ve özellikle birlikte geçirdiğimiz yıllarda, yaptıklarımızdan da kaynaklanmaktadır.

Her seferinde, biraz daha birlikte büyüdük ve durumu en iyi şekilde değerlendirmeye çalıştık. Vazgeçmek hiçbir zaman bir seçenek değildi. Söylendiği gibi: Bizi öldürmeyen şey sadece daha güçlü yapar. Bunu da yapmaya başardık; çünkü her birimizin, her zaman bir diğerlerinde dikkatlı bir göz vardı. Dikkat ve farkındalık son derece önemlidir. Bu şekilde, karşınızdakini daha iyi tanırsınız. Çoğu zaman partnerinizi kendinizden daha iyi tanırsınız. Zaten Frank ve benim için bu çok özel bir şey dir. Daha ilk temasımızda, daha önce hiç hissetmediğim bir şeyin olduğunu hissedebiliyordum. Sanki ruhlarımız birbirine bağlı.
Biri genellikle diğerinin ne söylemek istediğini veya şu anda ne düşündüğünü önceden bilir. 20 yıldan fazla bir süredir birlikteyiz. Bu süre zarfında, hep birbirimizin yanında olduk ,birbirimize kenetlendik; ne olursa olsun. Her zaman dürüst ve birbirimize açıktık. Konuşulması gereken, her şey hakkında konuştuk. Her zaman göz hizasında buluşuyoruz. Herkes kendi fikrine sahip olabilir, onu temsil edebilir ve aynı zamanda yaşayabilir. Mutlu bir evlilikte buna saygı gösterilmelidir.
Kendimizi tanımlamak zorunda kalsaydık, mükemmel bir şekilde, bütün bir elmayı oluşturan aynı büyüklükte iki yarım elma olduğumuzu söylerdim. Elmayı ikiye bölüp ayırırsanız, kısa bir süre sonra, her iki yarısı da, kahverengileşip büzüşecektir. Eşsiz güzelliğiniz kaybolur. Bir yarısı diğeri olmadan, hayatta kalamaz. Belki biraz dramatik bir karşılaştırma, ama uzun bir süre, birbirimizden ayrı kaldığımızda, bize hissettirilen de budur.

Arkadaşım Demans, birkaç yıldır aramıza katılmış ve her zaman elmamın yarısını almış olsa da, biz ve özellikle Frank, her zaman güzel ve yuvarlak elma olarak kalmamızı sağlamaya çalışıyoruz. Normal bir ilişki artık yaşanması gereken bir aşk üçgenine dönüştü. Hayatımız sevimli ve yaşamaya değer olmaya devam ediyor. Bunun için her gün mücadele ediyoruz. Etkilenenler ve eşleri veya akrabaları birbirlerine bu şekilde davranırsa, demans paketine her bireyin katlanması çok daha kolay olur. İdeal durumda, yük birden fazla omuza dağıtılır. Demans şüphesiz birlikte hayatımızı değiştiriyor. Ancak bu son anlamına gelmiyor.

Onun ve benim için demans neredeyse yeni bir hayata, yaşamın yeni bir aşamasına başladı.

Şu ana kadar hayatımızda olduğu gibi, inişler ve çıkışlar da bunun bir parçası dır. Pek çok yeni şey öğreniyoruz, kendimizi ve başkalarını yeni bir şekilde tanıyoruz. Güzel şeyler var, ama daha az güzel şeyler de var. Artık eskisinden farklı görüyorum, keşfediyorum, gözlemliyorum ve düşünüyorum. Bir zamanlar, apaçık olan şey, artık apaçık değil dir. Daha empatik, daha minnettar ve daha alçakgönüllü oldum.

Yaşadığım her gün için minnettarım. Hala kim olduğumu bildiğim için, her gün için minnettarım. Kocamın kim olduğunu hâlâ bilmiyorum. Eskiden yapabildiğim bazı şeyleri, artık çok az yapabiliyorum, ya da bazen hiç yapamıyorum. Ama artık, onun yirinde daha önce bilmediğim başka şeyleri de yapabiliyorum. Olumsuz şeylerin üzerinde çok uzun süre durmuyorum ama olumlu şeylerden, daha fazla keyif almaya çalışıyorum.

Burada çok kolay gibi görünen şeyi, gerçek hayatta, bir gecede uygulamak, elbette o kadar kolay değildi. Zamanını aldı. Ve bazen kendimi eski kalıplara geri dönerken yakalıyorum. Bazen Frank da buna dikkatimi çekiyor. Bazı şeyler, herkes için mümkün değildir. Herkesin bu zamanı, neyin mümkün olup, neyin mümkün olmadığı üzerinde düşünmeye ve düşünmemeye ayırması gerekiyor. Herkesin hedefi yaşamaya ve sevmeye değer bir hayat yaşamak olmalıdır. Eşinizle konuşmak da şüphesiz bunun bir parçası dır. Çünkü ortaya çıkan sorunların, çözümü ancak bu şekilde mümkündür. Birlikte çalışmak inanılmaz derecede önemli. Her şey, her zaman hemen uygulanamaz. Hiçbir baskı olmamalıdır.
Bazı şeylerin olgunlaşması ve etkili olması için, zamana ihtiyaç vardır. Ancak bir kez, bir şeyi değiştirmeye çalıştığınızda, bunun durumu iyileştirip, iyileştirmeyeceğini bilirsiniz.

Üçlü ilişkimizde hâlâ mutluyuz. Belki biz eskisinden daha mutluyuz, çünkü odak noktamız artık farklı.
Daha yoğun yaşıyoruz, seviyoruz ve hissediyoruz. Sloganı çok basit: Her gününüzü son gününüzmüş gibi yaşayın. Hayat bir verme ve alma işidir. Herkes kendince elinden geleni verir ve alır. Ancak her şeyden önemli olan, tek bir şey var: Dayanışma. Tek başına güçlü olabilirsin ama birlikte daha güçlüsün. İyi günde, kötü günde, ölüm bizi ayırana kadar. Bu bizim inancımızdır. Ama ölüm bile, Frank'la benim birlikte olduğumuz gerçeğini değiştirmeyecek. Biz hala kalplerimizle birbirimize bağlıyız. Ölümden sonra birbirimizi tekrar

göreceğiz. Nerede ve nasıl olduğunu söyleyemem. Ama buna kesinlikle inanıyorum.

Ama artık ölüm ve onun ötesindeki varoluş henüz hayatımızda bir rol oynamıyor. Geleceğe dair plan yapmaktan vazgeçmiş olsak da, hâlâ sadece ortak istek ve hedeflerimiz var. 3 yıl sonra, 60 yaşına gireceğim ve bunu tüm ailemle ve Türkiye'deki en yakın ve en sadık dostlarımla kutlamak istiyorum. Üstelik gümüş evlilik yıldönümümüz 7 yıl sonra yaklaşıyor. Görüyorsunuz, hâlâ hedeflerimiz ve bazı dileklerimiz var. Bunların gerçekleşip, gerçekleşmeyeceği ve nasıl gerçekleşeceği, artık önemli değil.Hayatta hala hedeflere ve arzulara sahip olmak önemlidir. Arkadaşım demans bunu benden alamaz.

Belki artık bazı şeyleri hayal ettiğimiz şekilde gerçekleştiremeyeceğiz. Ama şimdi bu hedefler ve dilekler var. Çünkü biz şimdi hayattayız. Şimdi ve gelecekte, ne olacağını, güvenilir bir şekilde, kimse ciddi bir şeklinde tahmin edemez. Yoksa neredeyse, 2 yıldır bir pandeminin içinde yaşadığımızı düşünen var mıydı?

Hayır, kesinlikle hayır. Her durumda, hala yapmak istediğimiz bazı şeyleri yapacağımızdan eminiz ve olumluyuz.

Demansım var! Ne olmuş...?

Demansdan muzdarıp değilim, bununla yaşıyorum. Affedersiniz, bununla yaşıyoruz. Bu hayatımızın bir parçası. Bir dostla yaşamak bir düşmanla yaşamaktan daha iyidir; bu benim kız arkadaşımdır.

Bu kitapla toplumumuzda yeniden düşünmeyi sağlayabilirsem veya en azından etkilenenlerin, onların akrabalarının veya partnerlerinin farklı düşünmesini sağlayabilirsem, çok mutlu olacağımı umuyorum. Bazı kişilerin demansla ilgili imajı farklı olmalı veya olmalıdır.

Evet, demans, kanser veya diğer tüm kötü hastalıklar gibi, bir... deliktir. Ancak bu mutlaka hayatın bittiği anlamına gelmez.

Demansın farklı türleri vardır. Ve her biri farklı bir gidişatla sonuçlanır. Farklı demans türlerinin hiçbir direğiyle aynı değildir. Ancak en azından başlangıçta, herkeste aynı şey vardır: demans gözle görülmez. Bu çoğu zaman aynı anda bir lütuf ve bir lanettir. Bugün hala sık sık şunu duyuyorum: Ne, demans hasta nısın? Bu olamaz, inanmıyorum. Toplumumuzda hala hakim olan imaj, hızlı ilerleyen ve bir kişinin bu tür demanstan muzdarip olup olmadığını nispeten hızlı bir şekilde anlayabileceğiniz klasik senil demans imajıdır. Bu görüntüyü unutmamalıyız, çünkü demansın bu türü var olmaya devam edecek. Ancak benim gibi giderek daha fazla genç insanlar FTD (frontotemporal demans) hastalığına yakalanıyor. Burada seyir daha hafif olabilir. Ancak demansın tüm türlerinin ortak bir yanı vardır: tedavi edilemez. İlerleme ancak belirli terapilerin yardımıyla yavaşlatılabilir ve ideal olarak belirli bir süre durdurulabilir. Ama daha fazlası değil. İleri bir aşamada, diğer şeylerin yanı sıra, artık kimseyi tanıyamazsınız ve artık yalnız yaşayamaz veya 24 saat kapsamlı, bakım olmadan, kendinize bakamazsınız. Bakıma bağımlısınız. Ama yine de insan olarak kalıyorsunuz. Belki her zamankinden farklı hisseden; ama yine de hisseden bir kişi siniz. Ve ona böyle bir insan gibi davranılmalıdır. Çünkü herhangi birimiz, kendimizi bu durumda bulabiliriz. Peki, bize insan gibi, davranılmasını istemez miyiz? Frank, ne yazık ki, kanser nedeniyle, çok erken vefat eden ve benim de acısını çektiğim sevgili büyükbabasını biliyor.

Daha fazlasını tanıyabildi ve bir keresinde aklına şu söz geldi:

Her zaman, herkese ve diğer tüm canlılara, size davranılmasını istediğiniz şekilde davranın.

Bu her şeyi anlatıyor ve buna eklenecek bir şey yoktur. Etkilenen bir kişiyle yaşam ve koşulları her zaman kolay olmasa bile, demanstan muzdarip olmak için, hiçbir şey yapamayacağını, asla unutmamak gerekir. Bırakın bir başkasını, sonunda artık, kendini bile tanımayan başka biri haline gelir.

Etkilenen, akraba, arkadaş veya partner olsun, herkes bu durumla açıkça ilgilenmeli, demans utanılacak bir şey değildir. Ve diğer hastalıklarda olduğu gibi, demanslı kişiler de bu toplumun, bir parçası olmaya devam etmek için, dünyada hâlâ her türlü hakka sahiptir.

Demans hastalarının toplumumuzun bir parçası olarak kalmalarını ve toplumun dışında karanlık bir yaşam sürmemelerini sağlamak, hepimizin görevidir. Biz demans hastaları toplumda, kendimizi konumlandırmalı ve bunun için mücadele etmeye devam etmeliyiz. Amaç tanınma ve eşitliktir. Hedef hâlâ biraz uzakta olsa bile, umutsuzluğa kapılmamalı, haklarımız için, birlikte mücadele etmeye devam etmeliyiz. İradenin olduğu yerde, yol da vardır. Ve yolun olduğu yerde, varış yeri de vardır. Çok daha fazla eğitime ihtiyaç var, çünkü çoğu zaman, asıl sorun demanslı bir kişiyle nasıl başa çıkılacağıdır. Çoğu insan, buna dahil olmak ve onunla uğraşmak yerine uzaklaşıyor. Daha sonra demanslı kişiyle nasıl başa çıkacaklarını bilmediklerini söyleyerek, bunu haklı çıkarırlar. Ancak cehalet mazeret değildir. Eğer gerçekten iletişimi sürdürmek istiyorsanız, günümüzde gerekli bilgiyi almak için, internet ve kitaplar vs. gibi yeterli bilgi kaynağı bulunmaktadır.

44 yaşında, bana teşhis konulduğunda, hayatımızın nasıl devam edeceğini, hemen bilmiyorduk. Biz yapa yalnızdık. O zamanda, tek başımızda durduk, yani 13 yıl önce, bu kadar eğitim materyali yoktu. Başlangıçta, bilgiye ulaşmak, gerçekten sıkıcı ve zordu. Yaşlılık demansı ile ilgili, sadece ilgili doktorlardan, okuyabileceğiniz veya duyabileceğiniz bilgiler bulabilirdiniz. Demans hastası, gençlere yönelik, neredeyse hiçbir bilgi kaynağı yoktu. Bu Facebook'ta grubumu kurmamdaki, ilk kıvılcımdı.

Aynı zamanda uygun bir şekilde adlandırılmıştı: "Genç yaşta demans hastalığı." Burada demanslı gençler, fikir alışverişinde bulunabilmeli ve deneyimlerini aktarabilmeli, aynı zamanda cevaplar alabilmeli veya sadece teselli aramalıdır. Etkilenen akrabalar için, neredeyse her gün yenileri ekleniyor.

Sadece Almanya'da her gün 100 kişi demans hastası oluyor. Ve giderek daha fazla insan, özellikle de gençler, demanstan muzdarip olduğundan, konu çok az ilgi görüyor ve daha fazla bilgi sağlamak için, çok az şey yapılıyor. Özellikle demans konusunda, sağlık sistemimizin revize edilmesi ve iyileştirilmesi gerekiyor. İdeal olarak, demans hastalarının da bu komitelerde, yer alması ve böylece deneyimleriyle katkıda bulunmaları gerekir.

Frank ve ben tabiri caizse demansla büyüdük. 13 yılda, çok fazla deneyim kazanabildik. Aslında her gün yeni bir şey öğreniyorsun, çünkü hiçbir gün diğerine benzemez. Bu birikmiş tecrübeyle, buna göre yaşamaya çalışıyoruz. Ancak her demansın farklı bir yaklaşım gerektirebileceğini unutmamalısınız. Ama bu demek değildir, bir kişi için doğru yaklaşımın veya yolun ne olduğu, bunun herkes için genel olarak doğru yaklaşım veya yol olduğu anlamına gelmez. Herkes kendi yolunu bulmalı.

Tabii ki, herhangi bir yardım kullanmaktan kaçınmamalısınız. Bu, diğer şeylerin yanı sıra, destekleyici ve eşlik eden yardımcı olabilecek psikoterapiyi içerir. Hem etkilenen kişilerin kendileri hem de ortakları veya akrabaları için geçerlidir. Ben kendim, bu konuda sadece olumlu rapor verebilirim. Bazı sorunlarla, daha iyi başa çıkmama çok yardımcı oldu.

Kişisel olarak, toplumumuza karşı, tavrımı ve bakış açımı da değiştirdim. Çünkü sorunu yaşayan biz demanslı gençler değiliz, onunla baş edemeyenler. Teşhisimle baş edemeyen, hatta demans hastası olmadığıma inanan, herkes benden uzak durmalı. Gelecekte, bu insanlarla hiçbir işim olsun istemiyorum. Son birkaç yılda, ben tabiiki şüphesiz değiştim. Kesinlikle demanstan kaynaklanan bir gerçektir. Ama ben hala benim, olduğum gibiyim ve beni ya olduğum gibi kabul edersiniz ya da etmezsiniz. Günün sonunda, biz insanların köşeleri ve tuhaflıkları sahibiyiz. Maalesef hastalıkları olan insanlara, çok daha eleştirel bakılıyor. Fakat neden birçok hasta insanın değiştiği sorgulanmıyor? Birini "hasta" diyerek etiketlemek çok daha kolaydır. Bu kişilerin, durumun kendilerini, bir akrabasını veya bir tanıdıklarını da etkileyebileceğini, her zaman akıllarında tutmaları gerekmektedir.

Özellikle bu bağlamda, çoğu zaman, insanların bunun bulaşıcı bir hastalık olduğunu düşündükleri hissediyorum. Tanıdıklarım aracılığıyla, kendimle yaşadığım bir deneyim. Demansın bulaşıcı olmadığını, artık son kişinin bile anlaması gerekiyor!

Son olarak şunu tavsiye isterim: Demansa rağmen, hayat yaşanabilir ve sevimli olabilir...her ikisi için, etkilenenler yanı sıra eşleri, akrabaları veya tanıdıkları. Bu tutuma bağlıdır. Her iki tarafın da demansı kabul etmesi ve onunla yaşaması gerekiyor. Demansı baş belası olarak değil, yeni hayatınızın bir parçası olarak görün. Benim demans hastalığımla yaptığım gibi, hemen arkadaş olmanıza gerek yok.

Göz seviyesinde iletişim, karşılıklı saygı, anlayış ve ortak yol gerekiyor çünkü bu son derece önemlidir. Demans hastasının mümkün olduğu kadar, uzun süre yapabildikleri şeyi yapmasına izin verin. Bize hasta muamelesi yapmayın ve bizim için üzülmeyin. Bize insan gibi davranın. Size nasıl davranılmasını istiyorsanız, bize öyle davranın. Sonuçta, hepimizin bu dünyada sınırlı bir zamanımız var. Her gününüzü son gününüzmüş gibi yaşayın. Birlikte çok zaman geçirin. Birlikte vakit geçirmenin tadını çıkarın, çünkü bazen bu süre sandığınızdan, daha çabuk biter. Bu anlamda:

CARPE DİEM

SON SÖZ

Bu noktada ,bu kitabı hayata geçirmemde, bana yardımcı olan, eşim Frank'a içtenlikle teşekkür etmek istiyorum. Onun katkısı olmasaydı, kitabı yazamazdım. Çoğu zaman, çözemediğim el yazısı notlarımı yazıya döktü ve kafa karıştırıcı cümle yapılarıma anlam kazandırdı. Arkadaşımın demansından dolayı, kelime dağarcığım ve ifadem, ciddi şekilde etkilendi. Ama yine de, birlikte bu kitabı bitirmeyi başardık. İmkansız olduğu düşünülen şeyleri, birlikte nasıl başarabileceğimize dair, bir başka olumlu örnektir. Ona sadece en iyi koca değil, aynı zamanda, benim için en iyi bakıcı olduğu için de, teşekkür etmek istiyorum. Onunla dünyanın sonuna gideceğim inşallah. Ben onu her şeyden çok seviyorum. O, başıma gelebilecek en iyi şeydi; tabikii kızımdan sonra. Tıpkı, ilk günkü gibi, beni hala çekici ve sevgi dolu bir kadın gibi hissettiriyor. Ben elimden geldiğince, uzun süre böyle kalabilmek için, her şeyi yapacağım. Ancak bir noktada artık durum böyle olmayacak olsa bile, onun sevgisinden hâlâ emin olabilirim. Ve sonsuza dek sevgimden emin olabilir.

Ende/ Fin/Son
09 Ocak 2022

Seninle dünyanın sonuna gideceğim

Özveri

Bu kitabı, diğer şeylerin yanı sıra, 27 Ocak'ta ölen babam Buji'ye ithaf etmek istiyorum.

Ocak 2022'de, 86 yaşındayken vefat etti.

Yaklaşık 15 yıl önce, ne yazık ki aniden ve hiçbir açıklama yapmadan, benimle irtibatını kesmiş olsa da onu seviyordum. Ben her zaman onun gurur duyduğu kızıydım. Ancak 28 yıllık evlilikten sonra, annemden ayrıldıktan sonra, baba/kız ilişkimiz ilerleyen yıllarda giderek daha da bozuldu. Bir kız çocuğu olarak, annemle babamın ayrılığı konusunda hiçbir tavır almadım ve tamamen tarafsız kaldım, çünkü bu annemle babamın meselesiydi. Ancak babam anneme daha sadık olduğumu düşünüyordu, ama durum böyle değildi.

Son yıllarda babam yaşa bağlı demans hastasıydı.

Babam beni katı bir şekilde yetiştirmiş olmasına rağmen, her zaman benim için sadece en iyisini istedi. Onun sayesinde kendi ayakları üzerinde duran bir kadın oldum. Bazı durumlarda benim için bir örnekti ondan çok özel bir miras aldım ve benimsedim:

İnatçılık;

- Kafama koyduğum şeyi de uygulamak zorunda kaldığım;

- Güçlü bir kişilik;

- Güçlü bir mücadele ruhu;

- Belli bir inatçıllık;

- Belirgin bir yardımcı sendromu;

- Olumlu anlamda bir delilik;

- Bir şey başarmak için duyulan önlemez istek.

Arada sırada onun karakterlerinden bazılarını üstlendiğim için, gurur duyduğunu bana bildiriyordu. Öte yandan asla böyle bir eşe sahip olmak istemediğini de defalarca dile getirdi.

Sonuçta, beni bugün olduğum kadın haline getirdikleri için kocam Frank'a ve babama teşekkür etmeliyim. Her ikisi de bana bu kitabı yazma cesaretini ve azmini kazandırmada farklı şekillerde katkıda bulundular.

Babam huzur içinde uyusun ... Amin.

Bu kitapta adı geçen kişilerin isimleri uydurmalıdır veya onların açık rızası alınmıştır.

34, 42, 47, 71, 118 ve 160 sayfalarda gösterilen görseller bizzat Yasemin Aicher tarafından yapılmıştır ve satın alınabilecek pek çok görselden sadece küçük bir alıntıdır.

Tüm sanat eserleri yasemin.aicher@gmx.de mail adresinden herhangi bir zorunluluk olmaksızınızın talep edilebilir.

Yasemin Aicher ile ilgili bilgilere ayrıca:
www.yasemin-aicher-demenz-in-jungen-jahren.com

a d r e s i n d e k i   w e b   s i t e s i n d e n   v e y a   I n s t a g r a m :
demenz_in_jungen_jahren adresinden ulaşılabilir.

© 2024 Yasemin Aicher
Verlag: BoD · Books on Demand GmbH, In de Tarpen 42,
22848 Norderstedt
Druck: Libri Plureos GmbH, Friedensallee 273,
22763 Hamburg
ISBN: 978-3-7597-2317-8